首都高端智库报告
首都经济贸易大学特大城市经济社会发展研究院

新时期
乡村治理的路径研究

章浩 李国梁 刘莹 ◎ 著

首都经济贸易大学出版社
Capital University of Economics and Business Press
·北京·

图书在版编目（CIP）数据

新时期乡村治理的路径研究／章浩，李国梁，刘莹著． -- 北京：首都经济贸易大学出版社，2021.9

ISBN 978-7-5638-3278-1

Ⅰ．①新… Ⅱ．①章… ②李… ③刘… Ⅲ．①农村-群众自治-研究-中国 Ⅳ．①D638

中国版本图书馆 CIP 数据核字（2021）第 191024 号

新时期乡村治理的路径研究
章 浩 李国梁 刘 莹 著

责任编辑	晓地
封面设计	砚祥志远·激光照排 TEL：010-65976003
出版发行	首都经济贸易大学出版社
地　　址	北京市朝阳区红庙（邮编 100026）
电　　话	（010）65976483　65065761　65071505（传真）
网　　址	http：//www.sjmcb.com
E- mail	publish@cueb.edu.cn
经　　销	全国新华书店
照　　排	北京砚祥志远激光照排技术有限公司
印　　刷	北京九州迅驰传媒文化有限公司
成本尺寸	170 毫米×240 毫米　1/16
字　　数	181 千字
印　　张	10.5
版　　次	2021 年 9 月第 1 版　2021 年 9 月第 1 次印刷
书　　号	ISBN 978-7-5638-3278-1
定　　价	45.00 元

图书印装若有质量问题，本社负责调换
版权所有　侵权必究

目 录

绪 论 / 001

第一章 乡村治理的内涵与问题 / 006
第一节 乡村治理的战略背景 / 006
第二节 乡村治理的内涵及其构成要素 / 007
第三节 乡村治理具体问题 / 010
第四节 小结 / 013

第二章 参与治理主体及权力结构 / 014
第一节 正式组织的权力与地位 / 014
第二节 宗族关系的形式及演化 / 017
第三节 乡贤群体的功能与定位 / 020
第四节 富人治村的产生及影响 / 021
第五节 小结 / 023

第三章 空心化问题及空心村治理 / 025
第一节 乡村土地空心化 / 025
第二节 乡村人口空心化 / 032
第三节 乡村公共服务空心化 / 034
第四节 空心村治理模式 / 037
第五节 小结 / 040

第四章 农村居民收入及消费水平 / 042
第一节 农村居民可支配收入变化趋势及构成 / 042
第二节 农村居民的消费支出变化趋势及构成 / 055
第三节 农村居民可支配收入与消费支出相关关系 / 075
第四节 小结 / 086

第五章　产业组织的发展及带动作用 / 088

第一节　农业产业化龙头企业的发展带动效应 / 088

第二节　龙头企业的科技平台建设与集群发展 / 090

第三节　农产品加工企业规模和财税支持 / 091

第四节　农业领域的产权制度及行业协会发展 / 093

第五节　小结 / 094

第六章　产业间融合发展与品牌打造 / 096

第一节　农村地区一二三产业的融合发展现状 / 097

第二节　农特产品的品牌打造与营销渠道建设 / 099

第三节　乡村旅游业时空差异和资源闲置现象 / 102

第四节　小结 / 103

第七章　国内乡村治理的机制与模式 / 105

第一节　乡贤参与治理模式 / 106

第二节　盘活闲置用地模式 / 106

第三节　网格化综合治理模式 / 109

第四节　基层人员保障模式 / 110

第五节　"三治"协同治理模式 / 111

第八章　国外乡村治理的模式与经验 / 114

第一节　英国伦敦市的旅游整合与立法保障 / 115

第二节　法国巴黎市的现代农业与文化元素 / 117

第三节　日本东京市的城乡互动与农协组织 / 122

第四节　美国的垂直整合与科技推广 / 125

第五节　荷兰的链式发展与创意农业 / 126

第九章　新时期完善乡村治理的路径 / 129

第一节　完善乡村产业发展制度建设 / 129

第二节　创新乡村治理的模式与机制 / 132

第三节　补齐乡村旅游产业发展短板 / 133

第四节　提升治理主体组织的保障能力 / 134

附录 / 137

  附录1 中共中央办公厅 国务院办公厅印发《关于加强和改进乡村治理的指导意见》 / 137

  附录2 《中共中央国务院关于实施乡村振兴战略的意见》（节选） / 143

  附录3 《国家乡村振兴战略规划（2018—2022年）》（节选） / 152

绪 论

> 中岁颇好道，晚家南山陲。兴来每独往，胜事空自知。行到水穷处，坐看云起时。偶然值林叟，谈笑无还期。
>
> ——王维·《终南别业》

这首诗向人们展现了乡村生活的惬意与安详。古往今来，乡村生活勾起多少贤能志士、异乡游子的乡愁。乡村是华夏民族从农业社会向工业社会和后工业社会演进的历史根基，乡村承载着中华民族诸多美好的记忆碎片。2013年12月，习近平在中央城镇化工作会议上发出号召："要依托现有山水脉络等独特风光，让城市融入大自然；让居民望得见山、看得见水、记得住乡愁。"

"乡村治，天下安"，乡村是集生产、生活、生态功能于一体的有别于城镇的一种地域综合体，乡村兴则国家兴，乡村衰则国家衰。在历史长河中，历朝历代的发展政策一直以"农业为本"的基本导向展开，直到1949年新中国建立初期，中国的基层社会还是以农业社会为主。1949年，中国的城市化率仅为10.64%；经过近30年的发展，1981年城市化率突破20%（21.13%）；又经过近20年的发展，1998年城市化率突破30%（30.89%）；进入21世纪以来，中国城市化进程明显加快，到2003年城市化率突破40%（40.53%）；2011年城市化率突破50%（51.27%）；2020年年末，中国常住人口城镇化率超过60%[①]。城市化给率先进入城市生活的农村居民带来生产、生活质量提升的同时，也对乡村的产业发展、社会结构、文化发展、公共服务等领域产生了一定影响，许多乡村发展问题逐渐暴露，亟待引入现代化治理模式加以解决。

如何破解乡村发展各个领域面临的实际问题？唯物辩证法告诉我们，应该用发展变化的视角审视问题、解构问题、解决问题。问题存在于某一特定的系统当中，表现为结构性、体制性、内生性、外生性等特征，抓住主要矛

---

① 国家统计局官网. http://www.stats.gov.cn/.

盾、把握问题的本质，有利于我们从源头有效解决问题。按照这个思路，本书首先通过文献梳理和实地调研相结合的方式，归纳总结当前中国乡村发展面临的主要问题，按照唯物辩证法对结构性问题的"解法"，围绕治理主体、治理对象、治理目标、治理机制与模式等主要维度展开具体分析，旨在总结中国当前乡村治理面临的主要问题，并以问题为导向，借鉴国内外成熟的解决方案，提出新时期乡村治理的可行路径。

全书由九章构成，第一章从理论视角给予乡村治理明确的内涵界定，同时结合现实观察，归纳中国乡村治理所面临的主要问题；第二章从参与乡村治理各主体的视角切入，分析各主体在乡村治理过程中的权责担当，以及各主体之间能否形成"多元共治"的乡村治理参与模式；第三章到第六章从当前比较突出的乡村发展问题切入，不求面面俱到，只聚焦特定问题，有针对性地深入分析问题的特点及问题产生的原因；第七章和第八章围绕具体问题，从国内国外两个维度找寻解决问题的成熟经验与模式；第九章从整体性的角度提出完善乡村治理体系，提升乡村治理能力的可行路径。

第一章从实施乡村治理的战略背景，乡村治理的内涵，以及治理主体、治理机制、治理目标和治理对象等维度展开理论分析，发现当前乡村发展过程中存在的主要问题表现为：基层自治组织发展建设不足；各类农业产业化组织发育度不高，对农户增收的带动效应不强；人员结构不稳定给治理带来困难；公共服务和基础设施供给不足、质量不高等。这些问题产生的深层次原因在于乡村治理主体的能力及积极性不足，乡村治理的经费来源有限，以及人才匮乏等。

第二章从乡村治理主体的角度展开分析，乡村治理过程中的具体问题为：一是村党组织自身发展机制尚不完善且组织保障能力不足；部分地区农村由于年轻劳动力外流，村党组织内部党员年龄偏高，在岗积极性不高；全国大部分地区尚未形成一套完整明确的村两委干部选拔、培养、管理、监督、激励、储备及退出机制。二是各类人才引进机制、保障机制及使用机制仍有待完善。目前，全国范围内在乡村人才引进方面存在着重引进、轻使用的问题，有关人才发挥作用的平台建设相对滞后。三是各级驻村干部与当地部门的对接机制、对接平台建设相对滞后，导致驻村干部的自身资源和技术等优势难以得到充分发挥。四是能人和乡贤参与乡村治理的平台和机制建设尚不完善。目前由于乡村土地的集体属性，以及土地产权制度改革滞后等现实因素的影响，能人带动仅在一些区域取得成效，还未形成"多点开花"的发展趋势。部分地区的乡贤理事会发挥作用空间有限，乡贤参与乡村治理的积极性不高。

第三章聚焦人员结构不稳定导致的乡村空心化问题,对以青壮年劳动力外流和人口老龄化为特征的人口空心化现象,以"外扩内空"和"城乡两栖"为特征的土地空心化现象,以基础教育办学规模和卫生机构规模缩减为特征的公共服务空心化现象进行分析,发现村中心环境质量恶化,发展空间不足,以及家庭结构的转变是"外扩内空"形成的重要原因;现有的农村宅基地管理制度缺位、执行力不强、宅基地用益物权缺乏弹性,是"城乡两栖"现象产生的主要原因。乡村人口外流使得公共服务对象缩减,乡村公共服务的空心化也是人口空心化的伴生效应;人口的空心化还导致乡村治理主体的内生动力不足。最后,总结了国内空心村治理的典型模式与经验。

第四章重点关注农村居民的生活质量问题,具体从收入来源和消费构成两方面展开分析,发现2016—2019年,全国农村居民可支配收入和消费支出均呈持续上升态势。东部沿海地区省份的农村居民人均可支配收入和消费支出明显高于内陆地区。全国农村居民消费支出占可支配收入比重从81.93%上升至83.19%,消费活力有所提升。中西部地区农村居民的储蓄率并不高。农村居民可支配收入中工资性收入高于其他类型的收入,财产性收入在农村居民收入来源中的占比较低,说明当前农村产权制度改革的整体成效还未充分显现,农村居民的私有财产并未有效盘活。旅游业发达省份的农村居民经营性收入相对较高,甚至高于发达省份农村居民的同类收入。

第五章重点围绕乡村产业组织化发展问题进行分析论述,认为乡村产业能否兴旺很大程度上取决于三个方面:一是现有的农业产业化组织模式能否将各类农业生产经营主体的利益实现深度捆绑;二是乡村各类集体资产的产权改革能否适应农业产业组织发展的需求;三是各类农业产业化组织能否实现自我完善与规范发展。目前国内乡村产业组织化发展面临的具体问题为,大部分农业生产经营主体自我发展不足,对乡村产业发展的带动能力相对有限。合作社的自身管理经营模式相对粗放,遇到行业"光景"期各方一拥而上,等到行业不景气的阶段"作鸟兽散",产生很多名存实亡的"空牌"合作社。政府在引导农业产业化组织发展过程中存在重数量轻质量的问题。一些地区盲目追求农业产业化生产经营组织的数量,忽视其对农户收入增长的带动作用。

第六章分析提出,以农业为起点的上下游产业链培育打造问题、乡村旅游路线的整体规划问题、乡村旅游景点与农特产品差异化发展问题、乡村产业发展的要素供给问题等,是乡村产业融合发展与品牌打造绕不开的几个关键问题。目前,国内乡村产业融合发展与品牌建设过程中的突出问题表现为:产业链条较短,辐射带动的相关农业生产环节有限;利益联结机制尚不稳定,较为松散，合作方式相对单调，大部分地区仍采用订单制的合作方式，并且存在订单违约率较高的现象，以股份制合作的方式占比偏低；乡村旅游业整体缺乏"一盘棋"式的合理规划，导致各地的乡村旅游景点不能很好串联；乡村旅游业发展面临的季节性差异问题还没有一个成熟的解决方案，现有的旅游景点经营权承租模式缺乏弹性，同时，由于缺乏盘活乡村闲置宅基地的具体实施办法，乡村旅游业发展与一些闲置资源的对接效率不高；乡村产业发展主要还是依靠一些本地乡村能人带动，外部人才要深度融入乡村存在一定挑战，在一定程度上导致乡村产业发展整体缺乏专业性人才和复合型人才的状况。

第七章总结归纳了国内较为典型的乡村治理模式，一是多元共治的乡贤参与治理模式，具体做法如永康市东衡村村两委通过积极搭建沟通平台，将在外乡贤引入乡村治理的具体事务中；二是盘活闲置用地模式，如上海松江区宅基地置换模式、浙江省嵊州市"三方共建"模式；三是以精细化为导向的网格化治理模式，如江西上饶市运用线上整合方式将多部门力量整合到统一平台上，依靠减少管理层级和明确的权责划分提升治理效率；四是基层人员工作保障模式，具体做法如张家口市康保县通过"二维码"实现扶贫信息档案的录入及管理，为乡村精细化治理奠定信息基础。依托信息科技公司探索开发了"智能就业服务系统"，提升了对基层群众的就业服务保障效率，助力基层群众的精准就业。

第八章总结归纳了国外较为典型的乡村治理成熟经验，一是伦敦在旅游整合与立法保障方面的经验，具体做法为统筹打造乡村旅游，依托国有旅游开发集团串联式开发乡村旅游资源；规范民宿管理，通过严格规范民宿业发展提升乡村旅游业态品质；完善评估机制，引入第三方评估机构确保评估结果的独立性；加强制度保障，前瞻性地为乡村治理提供法律保障。二是巴黎的现代农业与文化元素融合发展经验，具体做法为深挖巧用文化元素，提升巴黎市郊乡村的文化精神；精准服务都市区的多方面需求；广泛开展职业培训，建立严格的执业资格管理体系。三是东京的城乡互动与农协组织发展经验，具体做法为都市农业与城乡共建，推进城市与农村的共生共融；通过"一村一品"打造精品旅游；重视和规范农协组织的发展；适当限制工商资本，注重保障农民分享产业链增值。四是美国的垂直整合与科技推广经验。五是荷兰的链式发展与创意农业。

第九章有针对性地提出促进中国乡村治理水平提升的对策建议，一是完善乡村产业发展制度建设，出台具有实操性的实施细则；加强横向纵向整合，实现乡村治理载体融合发展；"深耕"都市区市场，探索智慧化的产销新模式；有效激活闲置资源，提高资源利用效率。二是创新乡村治理的模式与机制；建立多部门联动治理机制，采取扁平化管理提升治理效率；探索建立"网格系统+乡贤+外出务工人员"的多元共治模式，构建"三治"协同互补的乡村治理模式。三是补齐乡村旅游产业发展短板；依托大型旅游开发集团串联式开发乡村旅游资源；通过丰富业态和打造热点活动，缓解旅游淡旺季极化现象；通过严格规范民宿业发展，提升乡村旅游业态品质。四是提升治理主体组织保障能力，探索完善村干部的培训机制，提升其职业化水平；改革优化基层干部激励机制，释放其主观能动性；多个层面完善乡村治理体系，形成多元共治格局。

第一章 乡村治理的内涵与问题

第一节 乡村治理的战略背景

一、城乡发展不平衡是新时代中国面临的主要矛盾

党的十九大报告指出,现阶段我国的主要矛盾转化为人民日益增长的美好生活需要和不平衡不充分发展之间的矛盾,发展不平衡不仅体现在大区域之间,还体现在区域内城市和农村之间,城乡二元结构现象仍比较突出①。《乡村振兴战略规划(2018—2022年)》指出,我国人民日益增长的美好生活需要和不平衡不充分的发展之间的矛盾在农村最为突出,我国仍处于并将长期处于社会主义初级阶段的特征很大程度上表现在农村。全面建成小康社会和全面建设社会主义现代化强国,最艰巨、最繁重的任务在农村,最广泛、最深厚的基础在农村,最大的潜力和后劲也在农村②。

二、乡村治理是地方政府治理能力现代化的重要组成部分

党的十九届四中全会提出,要坚持和完善中国特色社会主义制度,推进国家治理体系和治理能力现代化建设③。2019年,中共中央办公厅、国务院办公厅印发的《关于加强和改进乡村治理的指导意见》明确提出,实现乡村有效治理是乡村振兴的重要内容。乡村治理是推进国家治理体系建设和实现

---

① 习近平. 决胜全面建成小康社会 夺取新时代中国特色社会主义伟大胜利: 在中国共产党第十九次全国代表大会上的报告 [M]. 北京: 人民出版社,2017.
② 新华网. 中共中央国务院印发《乡村振兴战略规划(2018—2022年)》[EB/OL]. [2018-9-26]. http://www.xinhuanet.com/2018-09/26/c_1123487123.htm,(2021-03-09).
③ 求是网. 坚持和完善中国特色社会主义制度 推进国家治理体系和治理能力现代化 [EB/OL]. [2020-01-02]. http://www.qstheory.cn/dukan/qs/2020-01/01/c_1125402833.htm(2020-03-15).

治理能力现代化的重要组成部分①。

第二节 乡村治理的内涵及其构成要素

治理是指在管理一个地区经济社会资源的过程中，运用公共权力的具体方式。在国内，乡村治理的概念最早由徐勇教授提出。他认为，乡村治理是通过解决乡村面临的问题，实现乡村的发展和稳定，涉及乡村治理主体、权力结构、治理目标、治理机制等不同维度②。乡村治理是指一个由国家和社会共同作用形成的公共权威，并围绕乡村社会的公共事务而开展的一系列基层集体行动，是国家治理体系的重要组成部分。学术界关于乡村治理的研究主要围绕权力导向、主体导向和目标导向三大领域③。权力导向的核心是权力配置的多元化，因此乡村治理是一个由国家和社会共同作用而形成的公共权威，实现对乡村社会调控和管理的动态过程④⑤⑥；主体导向认为，乡村治理就是性质不同的各种组织，包括乡镇党委、政府及其附属机构，村级组织、民间群体及组织，通过一定的制度机制共同把乡村公共事务管理好⑦⑧⑨；目标导向是指各项治理工作都必须服务于乡村社会公共利益最大化。

一、治理主体

对乡村治理主导力量的研究分为两个层面，一是正式组织之间，具体表现为上下级之间（乡镇一级和村一级）和同级之间（村委会和村党支部）；

---

① 新华网. 中共中央办公厅国务院办公厅印发《关于加强和改进乡村治理的指导意见》[EB/OL]. [2019-06-23]. http://www.xinhuanet.com/politics/2019-06/23/c_1124660343.htm (2020-03-21).

② 徐勇. 乡村治理与中国政治 [M]. 北京：中国社会科学出版社，2003.

③ 宁华宗. 治理空间的再造：边远山区乡村治理的新路径——以黔江生态移民工程为例 [J]. 社会主义研究，2014 (6)：145-151.

④ 徐勇. 论乡政管理与村民自治的有机衔接 [J]. 华中师范大学学报（哲学社会科学版），1997 (1)：22-28，130.

⑤ 王晶晶，郑小霞，王景军. 浅析"乡政村治" [J]. 甘肃农业，2005，9 (9)：21-21.

⑥ 党国英. 我国乡村治理改革回顾与展望 [J]. 社会科学战线，2008 (12)：1-17.

⑦ 张艳娥. 关于乡村治理主体几个相关问题的分析 [J]. 农村经济，2010 (1)：14-19.

⑧ 刘丽，刘屹，唐绍洪. "多元主体"在乡村治理中的路径选择 [J]. 领导科学，2009 (32)：53-55.

⑨ 马欣荣. 中国现代化进程中的乡村治理 [J]. 东北农业大学学报（社会科学版），2012 (3)：28-31.

二是正式组织与非正式组织之间，具体表现为村两委、宗族与其他非正式组织之间。学者们一方面从乡村治理主体结构的角度入手，主要围绕乡镇政府和农村基层自治组织二者关系的变化进行研究；从历史演进的角度看各时期乡村治理主导力量的变化，费孝通先生认为在传统社会"国权不下县"的基本格局下，乡村治理表现为无为而治①。韦伯则将这种独立于官僚系统的"城墙外治理"称为"有限官僚制"②，这一时期的乡村治理主导力量主要以内生力量（非正式组织）为主。传统乡村基本上是一个"知根知底的熟人社会"，违反道德准则的名誉成本（或"社交成本"）较高，基本上依靠传统的以宗族关系为纽带的道德性力量维持乡村秩序。新中国成立以后，政府对农村社会进行了制度整合和民主建设，实现"政权下乡"，如具体通过党组织建设将传统的乡村社会改造成为一个由现代政党领导和组织的政治社会，这一时期乡村治理的主导力量主要是以外生力量（正式组织）为主，即乡镇政府和村两委。

在基层党组织的建设研究领域，专家认为，在多元共治模式下，需明确农村基层党组织领导核心地位，通过转变自身的选举方式、工作方式、监督方式，强化乡村基层组织体系来增强国家的常规性权力[3][4][5]。

在基层政治组织功能发展和转型方面，学者提出，农村基层党组织不仅要引领治理结构的发展模式和发展方向，同时必须适应和满足乡村治理形势和治理结构不断发展变化的需要，强化服务功能[6][7][8][9][10]。

在乡村治理现代化研究方面，学者认为，乡村治理现代化包含治理能力的现代化和治理体系的现代化，提出发展壮大乡村经济，大力推动农村基层

---

① 费孝通. 乡土中国 [M]. 上海：上海人民出版社，2019.

② WEBER M. Economy and society: an outline of interpretive sociology [M]. University of California press, 1978.

③ 董磊明. 强大的常规性权力何以必要：论村庄政治中的基层组织体系 [J]. 人民论坛·学术前沿，2012（10）：29-39.

④ 周浩. 浅议如何有效发挥基层党组织的作用 [J]. 魅力中国，2017（4）：72-72.

⑤ 谌玉洁. 如何实现农村基层党组织领导核心地位：基于张家港永联村的党建调查 [J]. 唯实，2017（4）：46-48.

⑥ 白仙畔. 农村基层党组织政治功能与乡村治理结构问题研究 [J]. 北京农业职业学院学报，2010（4）：3-15.

⑦ 蔡文成. 基层组织与乡村治理现代化：基于乡村振兴战略的分析 [J]. 理论与改革，2018，221（3）：68-77.

⑧ 李祥祥，刘新玲. 集体经济背景下农村基层党组织参与乡村治理的回顾及启示 [J]. 党政干部学刊，2015（6）：45-50.

⑨ 覃雪梅，付蓓. 农村基层党组织功能转换与实现途径 [J]. 人民论坛，2015（20）：43-45.

⑩ 陈敏，曾令辉. 乡村社会治理中基层党组织功能调适与实现路径 [J]. 学校党建与思想教育，2016（1）：38-40.

治理能力现代化，改进乡镇政府治理机制，积极发挥农村社区各类组织在农村基层治理中的协同作用，建立农民利益的政治表达机制，借助于现代网络化技术手段提升治理能力，从而推进基层组织乡村治理模式的优化[1][2][3][4][5]。

二、治理机制

在传统社会，法制建设相对薄弱，以宗族关系为纽带的"德治"体系在乡村治理过程中发挥着主导作用。随着法治建设日益完善，"德治"体系的主导作用逐渐淡化，并逐渐演化为法治体系的有效补充。新时期，乡村治理机制需要"法治"与"德治"相配合，既需要制度化的村规民约，也需要有非制度化的村民议事程序。在乡村治理中，村民会议、村党支部、村委会等自治组织依据政治制度、法律政策等履行职责，属于正式制度范畴内的社会管理机制；村民通过自我组织参与公共事务治理等，则属于非制度性的社会治理机制，是正式制度的有效补充。从集体行动事件的发生机制看，既有基层群众自治制度等正式制度的法制保障，也有熟人社会逻辑等非正式制度的影子。从行为主体看，这些集体行动事件的行动主体，既有基层党组织和村民委员会等自治组织，也有以民间互助为特征的非正式组织。制度因素是影响乡村治理实践的重要因素，也是理顺乡村治理逻辑的主要线索。

三、治理目标

2019年6月23日，中共中央办公厅、国务院办公厅印发的《关于加强和改进乡村治理的指导意见》提出，新时期乡村治理的总体目标是，到2020年基本形成现代乡村治理的制度框架和政策体系，农村基层党组织更好发挥战斗堡垒作用，以党组织为领导的农村基层组织建设明显加强，村民自治实践进一步深化，村级议事协商制度进一步健全，乡村治理体系进一步完善。到2035年，乡村公共服务、公共管理、公共安全保障水平显著提高，党组织领导的自治、法治、德治相结合的乡村治理体系更加完善，乡村社会治理有效、

---

[1] 李振山. 乡村治理进程中"基层组织"权威的缺失与重建：基于巴纳德的"权威接受论"[J]. 传承, 2009 (20): 120-121, 137.

[2] 尤琳, 陈世伟. 国家治理能力视角下中国乡村治理结构的历史变迁[J]. 社会主义研究, 2014 (6): 111-118.

[3] 陈双鹏. 基层组织与乡村治理[J]. 云南行政学院学报, 2004 (4): 21-23.

[4] 谢元. 新时代乡村治理视角下的农村基层组织功能提升[J]. 河海大学学报（哲学社会科学版）, 2018, 20 (3): 38-42.

[5] 赵戊辰. 基层社会组织参与乡村治理模式研究：以浙江为例[D]. 舟山：浙江海洋大学, 2016.

充满活力、和谐有序，乡村治理体系和治理能力基本实现现代化[①]。

四、治理对象

《关于加强和改进乡村治理的指导意见》明确了新时期乡村治理的主要任务，即完善村党组织领导乡村治理的体制机制，发挥党员在乡村治理中的先锋模范作用，规范村级组织工作事务，增强村民自治组织能力，丰富村民议事协商形式，全面实施村级事务阳光工程，实施乡风文明培育行动，发挥道德模范引领作用，健全乡村矛盾纠纷调处化解机制，加大基层小微权力腐败惩治力度，加强农村法律服务供给，支持多方主体参与乡村治理，提升乡镇和村的为农服务能力。

第三节　乡村治理具体问题

乡村治理是具体地域范围内的复杂系统工程，治理主体、治理机制等方面的复杂性，决定了乡村治理是一个极具挑战性的长期过程。在对有关文献进行梳理的基础上，笔者总结了乡村治理存在的几个突出问题。

一、基层自治组织发展建设不足

有学者深入分析了基层组织治理存在的问题，如村级治理行政化、内卷化问题，基层政权的民意基础薄弱、机构人员膨胀、基层政权被宗族势力裹挟后公共属性不足、黑恶势力猖獗等[①②③④⑤⑥⑦]。突出问题主要有三个方面：一是部分镇、村领导干部运用法治思维和法治方式处理问题的能力较差、意识淡薄，在治理主体层面面临着传统人治思维与现代依法行政思维的矛盾。

---

① 朱政，徐铜柱．村级治理的"行政化"与村级治理体系的重建［J］．社会主义研究，2018（1）：121-130．
② 景跃进．中国农村基层治理的逻辑转换：国家与乡村社会关系的再思考［J］．中共浙江省委党校学报，2018，34（1）：48-57．
③ 贺雪峰．论利益密集型农村地区的治理：以河南周口市郊农村调研为讨论基础［J］．政治学研究，2011（6）：47-56．
④ 张良．"资本下乡"背景下的乡村治理公共性建构［J］．中国农村观察，2016（3）：16-26．
⑤ 赵晓峰．税改前后乡村治理性危机的演变逻辑：兼论乡村基层组织角色与行为的变异逻辑［J］．天津行政学院学报，2009（3）：45-49．
⑥ 胡雯，项继权．乡村治理转型中基层政权公共性的重构［J］．云南社会科学，2018（4）：45-52．
⑦ 李宁，史婷婷，徐国栋．村级基层组织建设：法制化与集体经济：江苏村级组织个案调查［J］．学术界，2015（8）：223-230．

二是缺乏明确的权责划分，导致组织内部协调不足，制约乡村治理效率提升。一些地方的村支书（党支部核心）和村主任（村委会核心）由不同人员担任，在工作中由于制度不够完善、权责划分不够明晰等原因，造成二者在决策环节的意见分歧，同时乡镇政府与村级管理机构之间、村级管理机构内部之间（村委会与村党组织）的越位与缺位，制约乡村治理效率的提升。三是基层党组织建设不足，人员素质提升存在困境。部分基层党组织对党建工作的认识不到位，同时农村党员队伍老龄化，缺乏生机和活力，普遍存在着"一高三低"现象（年龄高、文化低、技能低、致富本领低），同时乡村干部绩效考核评估体系不完善，村干部的工资报酬不受绩效影响，参与乡村治理的积极性不足。

二、集体经济组织发育度不高

发展壮大农村集体经济组织是实现乡村治理现代化的重要基础，学者对于村集体经济组织发展面临的问题展开研究，突出问题表现在四个方面：一是乡村治理的资金保障面临上级财政拨付紧张（外部）和自身集体经济组织薄弱（内部）的双重挑战。王通等学者研究发现，村级集体经济发展较好、村财政收入较多的村党组织作用发挥通常比较显著，而村级集体经济发展薄弱、村财政紧张的村党组织发挥作用缺位现象突出[1]。二是村集体经济组织发展缺乏人才支撑。正式组织内部的村两委干部文化水平有限，自身技能相对较弱，对带动村集体经济组织发展的动机和能力不足。正式组织以外的有一定能力的农民选择外出劳务，同时从农村走出去的大学生在完成学业后留在城市，回乡带动村集体经济组织发展的意识不强。三是产权制度不够明晰，制约村集体经济组织发展活力的有效释放。产权界定、收益分配、产权交易及转让等机制建设不完善，资源难以高效流转、有效盘活。四是分散化的以家庭为单位的农业生产组织模式，不利于实现农业现代化。缺乏整合的家庭生产经营模式所带来的必然后果是，个体农户面对国家的政策、市场的波动和中间商的盘剥无能为力，经常遭受重大利益损失，他们无力独自实现和保护自身的利益。实现农民的组织化成为农业发展和农民受益的重要方式，以合作社组织为代表的农民组织化，可以通过利益引导农民的社会行为，推动农村协商式民主等新兴治理结构来实现[1]。

---

[1] 王通．集体行动视角下纯农社区的乡村治理逻辑：基于鲁北地区 S 村的个案观察［J］．农村经济，2019，435（1）：86-93．

三、人员结构不稳定带来治理困难

乡村人员的高流动性给产业结构、土地制度、住房制度带来一定的不稳定性，给乡村治理带来较大的困难和挑战。一是外出青壮年的高流动性，使其成为"两头管不着"的人群。此类人群常年不在乡村，本应参与的乡村事务未能有效参与。二是一部分率先富起来的农民在附近县城或乡镇买房居住，虽户籍和身份是村民，但由于不在乡村生活因而未能有效参与乡村事务。三是在外能人乡贤与家乡之间缺乏一个稳定的、正式的联动平台，使得这部分外出人员在乡村的闲置资产难以得到有效盘活。

四、乡村空心化现象较为普遍

随着工业化、城镇化快速推进，农村人口的非农化转移使得农村常住人口逐渐减少，同时农村住宅的空间布局也发生重大变化，农村建设用地"外扩内空"现象日益严重[①]。刘彦随等指出，农村的空心化是由于农村人口非农化引起"人走屋空"，以及宅基地普遍"建新不拆旧"，新建住宅逐渐向外围扩展，导致村庄用地规模扩大、闲置废弃用地现象加剧的一种"外扩内空"的不良演化过程。具体包括：农村土地空心化、人口空心化、农村产业空心化和基础设施空心化，反映了农村地域的经济社会功能整体衰退现象[②]。

学者对农村空心化问题产生的原因进行了研究。从资源与环境角度看，在土地资源较为丰富，人居环境质量相对较差，且缺乏宅基地管理政策的地区，农村空心化现象更为普遍。从制度建设的角度看，户籍制度和宅基地管理政策是影响空心化问题的重要因素，一是非农就业与户籍迁移的政策放宽后，农村劳动力流动性加强，造成农村宅基地季节性闲置；二是法律上不允许农村房屋自由买卖，宅基地依法退出机制缺失，导致在城里生活的农民还留有农村闲置宅基地[③]。宅基地使用权不能变现，以及房屋和宅基地的不可分性，使进城农民不愿轻易放弃农村的房屋所有权，宅基地使用权制度的固化成为空心村整治改造的重要阻力[④]。

---

① 冯文勇．山区农村聚落空心化特点分析 [J]．农村经济，2007（7）：51-53．
② 刘彦随，刘玉，翟荣新．中国农村空心化的地理学研究与整治实践 [J]．地理学报，2009，64（10）：1193-1202．
③ 龙花楼，李裕瑞，刘彦随．中国空心化村庄演化特征及其动力机制 [J]．地理学报，2009（10）：1203-1213．
④ 张正河，卢向虎．农村宅基地的整治与增值 [J]．调研世界，2006（1）：19-22，26．

第四节 小结

本章从实施乡村治理的战略背景，乡村治理具体内涵，以及治理主体、治理机制、治理目标和治理对象等维度展开理论分析，同时，对乡村发展过程中存在的实际问题进行观察总结，发现当前乡村发展过程中存在的主要问题表现为：基层自治组织发展建设不足；各类农业产业化组织发育度不高，对农户增收带动效应不强；人员结构不稳定给治理带来困难；公共服务和基础设施供给不足、质量不高等。这些问题产生的深层次原因在于乡村治理主体的能力及积极性不足，乡村治理的经费来源有限，以及人才匮乏，等等。

以下各章将重点围绕上述问题，从更为深层次的角度系统论述乡村发展问题的形成及演化发展特征，并从如何治理的角度提出相应的解决路径。

第二章　参与治理主体及权力结构

关于乡村治理主体的研究可分为两大类，一类是"生于斯、长于斯"的内生性主导力量，具体包括土生土长的村干部，一些在外或者已经回流的乡贤能人，这一群体时刻与乡村存在或多或少的联系，时常参与乡村事务当中。在古代中国社会，由于"皇权不下县"，乡村治理事务主要由两大内生性群体主导，一是宗族群体，二是以士绅为代表的乡贤群体。二者之间在具体的乡村治理事务中所承担的职能有部分交叉，也有区别。新中国的建立，农民获得了几千年农业社会发展以来的当家做主的地位，成为新的内生型治理主体。同时，国家政权开始渗透乡村社会，产生了以行政力量介入的外生治理主体。改革开放之后，部分东部沿海地区的乡村社会开始出现以市场力量介入的外生型治理主体。以行政力量和市场力量介入的两类群体与所到的乡村社会没有血缘纽带关系，持有不同的动机参与乡村事务当中，有的将其自身利益与乡村发展紧密捆绑，成为推动乡村发展，参与乡村治理的有效力量；有的则是由于多方面因素的束缚，虽名义上参与乡村事务，但实际并未有效融入乡村治理过程中。本部分对这些群体在乡村治理中的角色定位与权力分配进行具体阐述。

第一节　正式组织的权力与地位

乡村治理的正式组织有内生群体和外生群体两个部分，由于中国农村地区的乡土特性，内生的正式组织是实际主导乡村事务的主体。乡村治理核心权力的配置具有一定的长期性特征，即村内部选举产生的村干部，在乡村的熟人关系网络中，长期具有较高的名誉和社交价值，形成了一个明显的个人身份认同，很多时候在处理村内事务中，村民往往"不看僧面看佛面"，能够配合村干部的工作。而从村外部入驻村正式组织的群体原本不属于这个熟人关系网络，天生不具备名誉和社交价值，村民还存在对外来干部在村里待不久的心理预期，在处理乡村事务过程中，由于缺乏个人身份认同，大多数情况下村民不会十分"买账"。因此，全国范围内的乡村治理权力配置过程中，正式组织内的外生群体（如大学生村干部、一些外地的村干部等）一般不容易真正意义上获得乡村治理的主导地位。

一、内生的正式组织

1988 年后，村民自治开始在国内村一级逐渐实行，按照《村民委员会组织法》的定义，村级组织是村民实现"自我管理、自我服务、民主决策、民主管理"的基层自治群体，村委会和乡镇政府的关系不再是垂直化的上下级从属关系[①]，村委会成为法律层面认可的村级自治正式组织。虽然理论上村干部不具备乡镇垂直管理下的公务员身份，但是实际的运行过程中村干部嵌入乡镇官僚机制当中，更像是一种官僚机制的向下延伸，这在全国范围内都具有普遍性[②]。

二、外生的正式组织

外生的正式组织力量表现为各级各部门的驻村工作队，以及一些外地大学生村干部。但由于两种外生的组织力量存在一些权责方面的不对称，现实中很难成为主导乡村治理的核心权力主体。从驻村工作队看，新中国建立初期的农村"工作队"是驻村机制的雏形，是中国共产党"走群众路线"的具体运行机制。从 20 世纪 90 年代初开始，农村"工作队"逐渐有了科层化演化的趋势，"与基层群众关系紧密"的驻村制开始向"仅与村干部发生联系"的驻村制转变[③]。后来形成乡镇一级干部派驻村里的长期联络人制度（也称为乡镇驻村制或包村制）。1986 年，国务院地区经济开发领导小组建议非乡镇的政府机关，应该选派干部到乡村进行扶贫支援，尤其是进入新时期，由于脱贫攻坚的需要，乡镇以外的各级政府及相关单位开始有组织地调派单位人员组成驻村工作队，挂钩具体乡村，专门负责脱贫工作。

从实践看，乡镇一级派选驻村干部表现出明显的特点，即重点关注的村庄会优先派遣行政职位相对较高的乡镇干部，次重点村安排一些工作能力较

---

① 张厚安.中国特色的农村政治："乡政村治"的模式 [M]. 台北：台北桂冠图书股份有限公司，1998：3.

② 赵树凯. 乡村关系：在控制中脱节：10省（区）20乡镇调查 [J]. 华中师范大学学报（人文社会科学版），2005（5）：2-9.

③ 欧阳静. 乡镇驻村制与基层治理方式变迁 [J]. 中国农业大学学报（社会科学版），2012，29（1）：111-115.

强但行政职位稍低一些的乡镇干部,非重点村派遣没有行政级别的普通干部①。此外,开展驻村制的政府机关和单位类型对乡村治理的具体效果存在显著差异,如财政局、发改委、组织部等拥有一定资源调动能力的部门所对接的村庄,一般发展好于其他没有太多资源调动权限的单位所对接的村庄。资源调动能力较强的部门单位的驻村人员在当地一般具有较高的话语权,而资源调动能力弱的单位驻村人员在当地基本上没有太多的话语权。

(一)"第一书记"制

在上述情景下,分析"第一书记"工作制度的具体成效。许汉泽等学者认为,权责的不匹配和所属单位的有限资源对"第一书记"制度的扶贫成效产生较大影响②。可以将其理解为"第一书记"来自什么样的单位决定了其驻村期间的资源调动能力,这种能力很大程度上影响了其驻村扶贫期间能够为乡村治理及乡村建设带来多少实实在在的资源,进而决定了"第一书记"在乡村中的话语权。此外,还有学者研究了"第一书记"的自身学历、来源层次等方面是否会对其驻村工作绩效产生实质影响③④⑤,发现"第一书记"的个体属性差异对乡村治理尤其是扶贫工作会产生一定影响。当然,也不一定"第一书记"来源单位的行政级别越高,就能对扶贫工作产生越显著的促进作用,学者黄娟娟的研究认为,来源于市级部门的"第一书记"比来源于省级部门和县级部门的"第一书记"对农村脱贫工作的促进效果更佳⑥。

(二)大学生村干部

选聘大学生到乡村担任村干部的出发点,是希望提升基层治理组织中干部的文化水平,以补齐乡村干部群体的人才短板。但从大学生村干部参与乡村治理的实际情况看,乡村治理过程中的诸多因素制约着大学生村干部能力发挥空间的进一步提升。参与乡村治理的权责不明晰,使大学生村干部在履职期间难以将自身人力资本有效转化为助推乡村治理水平提升的动力。大学生村干部在乡村主要成为村支书和村主任的助理,这个定位决定了大学生村

---

① 欧阳静. 乡镇驻村制与基层治理方式变迁 [J]. 中国农业大学学报(社会科学版),2012,29(1):111-115.

② 许汉泽,李小云. 精准扶贫背景下驻村机制的实践困境及其后果:以豫中 J 县驻村"第一书记"扶贫为例 [J]. 江西财经大学学报,2017(3):82-89.

③ 吴敬琏. 农村剩余劳动力转移与"三农"问题 [J]. 宏观经济研究,2002(6):6-9.

④ 蔡昉. 户籍制度改革与城乡社会福利制度统筹 [J]. 经济学动态,2010,(12):4-10.

⑤ 范从来. 益贫式增长与中国共同富裕道路的探索 [J]. 经济研究,2017,12(603):16-18.

⑥ 黄娟娟,王国成,尚华. "第一书记"驻村的贫困农户增收效应研究:基于华东某扶贫重点市的实证检验 [J]. 西部论坛,2018,28(6):50-56.

干部的主要工作内容为写材料、办宣传等行政性事务,没有主动做事情的决定权。因此,大学生村干部在乡村治理过程中并未拥有较高的话语权和相应的决策机会。此外,乡村社会是一个熟人关系社会,在村民们预期大学生村干部不会长期待在乡村的情况下,大学生村干部在这个熟人社会网络中的社交地位并不高,难以形成真正意义上的治理权威。

现实中,大学生村干部的流失现象较为严重,这是诸多方面的因素导致的。一是权责范围与预期不相匹配,扎根乡村的抱负和理想在短期难以实现,由此产生的失落感使大学生村干部选择离任;二是有些村庄的负债较高,大学生村干部刚到任即面临一个较大的包袱,对其心理产生一些负面影响,在经费捉襟见肘的现实约束下,难以有实际举措;三是缺乏经营人情关系的技能使得大学生村干部难以融入乡村社会[1];四是待遇偏低导致大学生村干部流失严重。如在2007年以前,四川省选派的8 000多名大学生村干部的流失率高达70%,2007年提高了相应待遇之后,大学生村干部的流失率开始降低[2]。

第二节 宗族关系的形式及演化

一、宗族关系的演化

乡村治理除了依托政府力量,还需要在更广阔的空间内深度挖掘内生性力量,宗族关系是一种普遍存在的乡村内生力量[3]。经过两千余年的历史沉淀,儒家文化对中国社会产生了一种根深蒂固的影响,这种影响尤其在乡土社会更为突出。几千年的农业社会发展过程中,农民脱离了自己的宗族很难开展生产生活,比如,古代的农业是一种"靠天吃饭"的粗放式农业生产方式,缺少一些农业基础设施,同时生产工具较为落后,导致生活在古代农业社会的人要想获得同等产量的农业产出,就得比现代社会的人耕种经营更大面积的土地,同时由于缺乏机械动力,单位面积上还得投入更多的人力和畜力,因此族人之间或邻里之间在农业生产活动中潜移默化地形成互帮互助的

---

[1] 王勇,陈家刚. 大学生村干部计划行政生态环境的问题与再造 [J]. 广东行政学院学报,2009,21(4):25-28.
[2] 大学生村干部的待遇落差 [EB/OL]. [2008-10-13]. http://news.sina.com.cn/c/2008-10-13/144416445127.shtml,(2009-04-30).
[3] 岳成浩,吴培豪. 重构抑或消亡:乡村振兴背景下宗族功能再定位研究 [J]. 西北大学学报(哲学社会科学版),2019,49(3):52-57.

生产联合体。同时，在遇到天灾和人祸导致的农业收成下降和生产力损失时，宗族关系是一种相对普遍的传统社会"保险机制"。这些因素客观上强化了宗族之间的相互依存关系，依存关系越强，同族社会内部的社交成本和名誉成本越高。因此，以宗族法规形成的宗族社会群体内约束机制具有一定的权威性，是宗族处理乡村事务的保障机制。宗族内部约束机制的主要表现形式是规劝和惩戒，历史上对于触犯族规的人处置手段种类较多，有些甚至很残忍①。现代的宗族处罚方式朝着文明的方向演进，较为严厉的就是对犯了族规的人铲出族谱，不准进入祠堂等。

新中国成立以前，由于交通距离、通信距离和权力距离的限制，皇权很难渗透到乡村社会。乡村的公共事务和公共物品基本上由宗族协调解决。新中国成立之后，农民在法律和制度上获得了当家做主的主人翁地位，人民公社等生产关系组织形式替代了宗族关系，宗族组织的合法性被极大削弱，其在正式场合参与乡村事务的地位被瓦解②。20世纪70年代以后，随着农村生产组织关系的变化（家庭联产承包责任制确立），宗族关系和宗族组织又开始正式回归乡村社会③。但随着社会发展阶段的演变，农业生产基础设施的改良，农业生产工具的进步，以及农业生产保险制度的建立，农民在生产过程中对宗族关系的依赖度有所降低，在自我认同和生活感情方面仍依赖宗族关系。

二、宗族关系对乡村治理的积极方面

一是宗族治理是一种低成本治理模式，能够通过降低治理成本减小财政压力④。

二是宗族关系是一种互帮互助关系，一些红白事务、农忙时节相互帮忙绕开了货币成本，一定程度上降低了农村居民生产生活的资金压力。

三是可以依托宗族关系调动在外乡贤的资源参与乡村事务。一部分人通过参军、从政或外出经商离开乡村，但仍然对故里保有一定的乡土情怀，尤其是对自己仍在乡里生活的同宗同族更是常有感情交流。一些在外乡贤可以调动身边力所能及的资源为家乡建设添砖加瓦，并在这个过程中找到一定的归属感，精神上获得一定慰藉。

---

① 费成康. 中国的家法族规 [M]. 上海：上海社会科学院出版社, 1998.
② 肖唐镖. 乡村治理中宗族与村民的互动关系分析 [J]. 社会科学研究, 2008 (6)：91-96.
③ 郭正林. 中国农村权力结构中的家庭因素 [J]. 开放时代, 2002 (3)：95-106.
④ 秦勃. 村民自治、宗族博弈与村庄选举困局：一个湘南村庄选举失败的实践逻辑 [J]. 中国农村观察, 2010 (6)：86-94.

四是宗族调解可作为一种柔性的处理内部矛盾的机制。对于一些村内的非财产性纠纷,一般通过宗族关系处理要比通过正式权威(村干部)处理效果好。

五是宗族治理是对正式权威组织治理"失灵"的有效补充,对于一些陈规陋习的改良,宗族往往具有比正式组织更高的话语权,更容易获得村民的认同。比如,在一些落后偏远的乡村存在礼金攀比的现象,通过地方的宗族权威作为第三方出面,规定一个大家都能接受的合理礼金额度范围,较容易被大家接受。

六是宗族关系能够有效降低信任成本,对于发展合作社等乡村经济组织有一定的促进作用。有学者研究表明,在农村集体经济较为发达和生产经营主体较多的村庄,普遍存在着宗族关系的影子①。

三、宗族关系对乡村治理的消极方面

一是宗族关系会影响基层选举的公正性。由于宗族意识在传统乡村社会中根深蒂固,从村民的角度看,好多村民抱有选举自己同宗同族人当选村干部能够给自己带来不少好处的心态,而不是"选贤举能";从候选人的角度看,候选人往往会通过自己庞大的宗亲网络拉选票,并针对特定村民给予特殊许诺,最后演变成拥有越大宗族关系网络的候选人越容易当选村干部,这种导向下难以保障村干部的整体质量。

二是影响到村干部贯彻落实上级发展方针政策的效果。如果村干部是通过上述庞大的宗亲关系选举上任的,由于缺乏一定的政治高度,同时自身的文化素养水平相对不高,一旦上级部门的发展思路与自身利益发生冲突时,此类村干部更容易与上级部门"分庭抗礼",不严格贯彻执行相关政策,有损于乡村的整体发展。

三是容易激化乡村内部大宗族与小宗族的矛盾。在乡村公共资源总量有限的条件下,一旦大宗族群体内部有人当选村干部,那么这些村干部会一定程度上兑现当初选举时的承诺,一些切实的利益和好处可能会大部分流向自己的大宗族群体内部,而原本属于一些小宗族的公共资源会被人为地划到大宗族内部,引起宗族之间的矛盾。有研究发现,在基层党组织发挥作用较好的村庄,宗族对于乡村行政事务的影响相对较小,而基层党组织涣散的村庄,宗族势力的影响力较为明显②。

---

① 潘强恩. 中国农村学 [M]. 北京:中共中央党校出版社,1999.
② 邓智旺. 宗族对村民自治的影响 [J]. 湖南农业大学学报(社会科学版),2003(3):12-14.

第三节　乡贤群体的功能与定位

费孝通先生认为，在中国古代社会中，"国权不下县"的基本格局决定了乡村治理无为而治的特点，农村地区处于国家正式权力真空地带，乡绅是向上对接地方官员，向下对接村里百姓的中间人，正是有了乡绅这一主体主持乡里事务，古代农村的教育和文化活动才得以延续①。按照周荣德对于乡绅的定义，可将其看作韦伯所描述的非职业行政人员②，韦伯将这种独立于官僚系统的"城墙外治理"称为"有限官僚制"，他们是古代社会中回归乡里的退职官员和取得一定功名但还未走马上任的人员，主要负责调解乡村事务、代替地方政府征税、筹办乡村教育文化事业③。近似于官员实则不属于官员，类似于民而在权责担当方面又高于民，正是这种"似官非官、似民非民"的双重身份，使其能够作为地方政府权力的延伸，同时也能在税赋等方面作为乡里百姓的利益代言人与政府官员讨价还价，起到平衡官民矛盾的中介作用。为了避免人们观念中对"土豪劣绅"的不良印象，到了现代社会，多数将乡绅这一称呼改变为乡贤。

充分挖掘乡贤群体在乡村治理中的主观能动作用，将对乡村振兴产生积极影响。乡贤是乡村道德品行的风向标，是乡村文化事务的主要组织者和参与者，是落实乡村"德治"的引领人。重视乡贤在"乡风文明"建设中的示范作用是实现乡村文化振兴的重要抓手。乡贤在乡村治理中能够在三个重点领域发挥作用：一是以乡贤理事会为平台，组织倡导村民摈弃原有的陈规陋俗。乡贤作为乡村中文化知识水平较高和道德风尚较高的内生性群体，容易获得村民的价值认同。乡贤对一些消极礼俗的态度在一定程度上影响村民对于消极礼俗的态度，因此，对乡村一些不良文化进行移风易俗的过程中，应该重视乡贤的引领作用。二是搭建村里与在外乡贤的沟通平台，引导在外乡贤关注家乡发展建设，为家乡的乡村治理事务出谋划策。在家乡建设资源匮乏时，能够"慷慨解囊"支持家乡建设，同时还能为家乡的产业发展引荐一些发展资源。三是发挥乡贤对乡村事务的了解，以及在乡村拥有一定人脉基

---

① 费孝通. 乡土中国 [M]. 上海：上海人民出版社，2019.
② 周荣德，中国社会的阶层与流动：一个社区中士绅身份的研究 [M]. 上海：学林出版社，2000.
③ WEBER M. Economy and society: an outline of interpretive sociology [M]. University of California Press, 1978.

础的优势，重点对接、引导和帮扶大学生村干部快速融入当地社会，帮助大学生村干部读懂村民所思所想，同时掌握一些与村民打交道的社交技巧，使得大学生村干部能够在乡村落地生根。

第四节 富人治村的产生及影响

富人群体作为参与乡村治理的重要力量，在 21 世纪初开始被相关学术领域广泛关注，根据浙江省民政厅的统计，2003 年，富人群体在全省村委会成员中的占比为 30%，其中义乌的这一比例高达 60%①，商意盈等 2009 年的调查显示，浙江全省共有 2/3 的村庄属于富人治村类型村庄②，《商界》杂志社对重庆市渝北区的调查数据显示，50%以上的受访村干部私有资产在 100 万元以上③。基于此，学者提出了富人治村的乡村治理模式构想④。东部地区特殊的地理优势使其成为改革开放中最早受益的地区，东部地区的乡村也开始出现了率先富起来的农民群体，因此早些时期关于富人治村的研究以沿海地区的村庄为主要研究对象，研究主要围绕富人参与的选举制度、村民自治制度和民主化进程的角度展开⑤⑥⑦。

从富人治村兴起的成因看，乡镇人、财、事务权的丧失⑧，以及村民对发展集体经济的期待，这些客观因素使得富人群体在参与乡村事务中的地位逐渐提升。税费改革之后，乡镇一级的部分权力被收回上级，乡镇对乡村的控制力量出现一定程度的削弱，尤其是乡镇的财政资源较为匮乏，使得乡镇一级参与乡村治理的财力支撑相对不足⑨。欧阳静在进行田野调查时发现，大部

---

① 作者不详. 义乌"富人治村"出现信任危机 [J]. 领导决策信息，2005 (13)：23.
② 商意盈，李亚彪，庞瑞. 富人治村，一个值得关注的新现象 [N]. 环球视野，2009-09-12 (1).
③ 周雨，刘强. "富人"治村新时代 [J]. 商界，2004 (1)：37-39.
④ 《环球视野》的《富人治村：一个值得关注的新现象》一文报告了浙江省在后税费时代村干部构成的新变化：据浙江省民政厅统计，目前全省 2/3 以上的村由企业家、工商户、养殖户等先富起来的人担任村委会主任或村党支部书记，其中不乏资产过千万元乃至上亿元者，被称作"老板村干部"。见 2009 年 9 月 12 日《环球视野》。
⑤ 崔艾举. 从富人治村看村民自治的实施 [J]. 山西高等学校社会科学学报，2009，21 (1)：59-61.
⑥ 杨国勇，朱海伦. "新乡绅"主政与农村民主政治建设 [J]. 社会科学战线，2006 (6)：177-181.
⑦ 林采. "富人治村"是一个和谐音符 [J]. 人民政坛，2006 (5)：37.
⑧ 饶静，叶敬忠. 税费改革背景下乡镇政权的"政权依附者"角色和行为分析 [J]. 中国农村观察，2007 (4)：38-45, 60.
⑨ 欧阳静. 富人治村：机制与绩效研究 [J]. 广东社会科学，2011 (5)：197-202.

分村民认为"经济能人"型的村干部是最理想的村干部类型①。

从富人群体参与乡村治理的动机看，作为村干部更容易掌握各类政策信息，并且容易从中获益。国家各种补贴政策（农机补贴、产业项目补贴、家电补贴等）中伴随着的商业机会容易被村干部捕捉。欧阳静在安徽省H镇的田野调查发现，一名村支书早期在沿海外出创业并积累了一定的财富和经验，之后回乡担任村支书并带领村民创办了一个中型生猪养殖场。由于村支书的身份，可以充分享受到一些母猪和饲料补贴，同时在"一村一品、一乡一业"的产业政策支持下，所属乡镇将该村的生猪养殖场挂牌成为专业化合作社，享受到了合作社方面的一系列优惠政策。该生猪养殖专业化合作社发展成为当地的优秀企业后，村支书也当选为市、县两级人大代表，获得了政治与经济双重资源②。最后，在一些发达地区尤其是城乡接合地区，村集体土地拥有较大的升值空间，在对土地资产进行处置过程中伴随着一些利益获取，也是富人群体参与乡村事务的一个重要吸引力。

从富人治村对基层治理的具体影响看，该模式最大的特点是能够显著提升乡村公共物品的供给数量，在乡镇财政状况难以支撑乡村公共物品改善的情况下，无疑是一个有效补充③。同时，富人村干部可以调用自身的人脉关系网络，积极推进村集体经济的发展，能够在一定程度上带动村民增收④。但富人治村也带来一系列的问题：一是有学者提出富人治村模式会导致乡村的社会分层，进一步拉大乡村内部的贫富差距⑤。二是除了村里存在经济利益的建设项目以外，有的富人群体大部分时间居住在城里，由此富人群体会引发乡村基层治理的"悬浮化"。三是富人村干部善于用商业化思维解决问题，容易导致乡村其他精英阶层被富人村干部"利益俘获"，提升富人群体在乡村治理过程中地位的同时，降低了其他主体的话语权。四是有的富人群体当选村干部的条件就是许诺任期内不要工资薪酬，长此以往，村民会对此形成路径依赖，认为村干部竞选就应该不要工资，加大了一部分相对不富裕的群体参选村干部的难度，在一定程度上破坏了基层自治组织的民主性。

---

① 欧阳静. 富人治村：机制与绩效研究 [J]. 广东社会科学, 2011 (5)：197-202.
② 欧阳静. 富人治村：机制与绩效研究 [J]. 广东社会科学, 2011 (5)：197-202.
③ 王国勤. 先富参政与民主恳谈的治理逻辑：乡村治理的结构与绩效研究 [J]. 甘肃行政学院学报, 2009 (5)：4-13+125.
④ 贺雪峰. 论富人治村：以浙江奉化调查为讨论基础 [J]. 社会科学研究, 2011 (2)：111-119.
⑤ 赵晓峰, 林辉煌. 富人治村的社会吸纳机制及其政治排斥功能：对浙东先锋村青年农民精英治村实践的考察 [J]. 中共宁波市委党校学报, 2010, 32 (4)：33-41.

第五节 小结

本章系统梳理了参与乡村治理的各主体在不同历史阶段的权责变化历程，总结分析了各主体在乡村治理过程中的优势与不足。

一、正式组织参与乡村治理面临的具体问题

（一）村党组织发展机制不完善且组织保障能力不足

目前，中国农村基层党组织存在的突出问题表现为：

（1）部分党组织凝聚力、战斗力有待进一步提高。部分地区农村由于年轻劳动力外流，村党组织内部党员年龄偏高，在岗积极性不高，参与乡村治理的积极性相对不足。

（2）有些村党组织的管理机制有待完善。全国大部分地区尚未形成一套完整明确的村两委干部选拔、培养、管理、监督、激励、储备及退出机制，使得村党组织带头人的准入、培训和退出环节缺乏规范化管理，不利于农村基层党组织质量提升。

（3）村党组织带头人的视野和能力相对不足。村党组织带头人在现代农业、实用技术以及民主管理等方面知识储备不足，带领群众发展的思路不广、办法不多，对政策的理解和执行不到位。目前，全国大部分地区的村两委干部培训尚未实现全覆盖，村党组织带头人素质能力提升渠道有限，村集体经济组织发展缺乏"领头羊"。

（二）各类人才引进机制、保障机制及使用机制仍有待完善

要使引进的人才真正在乡村治理过程中发挥积极作用，不仅需要构建适合于本地区情况的人才引进政策，还需配套合理有效的人才使用机制。目前，全国范围内的乡村人才引进方面存在着"重引进""轻使用"的问题，有关人才发挥作用的平台建设相对滞后。引进高校人才的配套机制尚不完善。以某地级市引进中国农业大学等一批重点高校的人才为例，这些人才到岗后存在对工作环境不适应、工资收入与同等学力的其他地区相比落差较大、晋升及激励机制不完善等问题。

（三）各级驻村干部与当地部门的对接机制与平台建设相对滞后

由于缺乏各部门间的对接机制与平台，导致驻村干部的自身资源和技术等优势难以得到充分发挥，未能给村集体经济组织带来实质性的改观。开展

驻村制的政府机关和单位类型对于乡村治理的具体效果存在显著差异。如财政局、发改委、组织部等拥有一定资源调动能力的部门对接的村庄，一般发展好于没有太多资源调动权限部门对接的村庄。资源调动能力较强部门的驻村人员在当地一般具有较高的话语权，而资源调动能力弱的部门驻村人员在当地基本上没有太多的话语权。

二、非正式组织参与乡村治理面临的具体问题

（一）能人和乡贤参与乡村治理的平台和机制建设尚不完善

乡贤能人参与式治理是乡村治理走向精细化与人本化的重要途径，乡贤在引领乡村德治方面发挥着重要作用。在中国传统社会中，乡贤是传承知识、教化乡里、提高社会道德水准的重要角色。能人在带动村集体经济组织发展方面起到重要作用，以能人为核心发展起来的能人经济模式，是区域发展过程中的重要经济组织形式。目前，由于乡村土地的集体属性，以及土地产权制度改革滞后等现实因素的影响，能人带动仅在一些小范围区域取得成效，还未形成"多点开花"的发展趋势。

（二）能人和乡贤回乡带动家乡建设的作用发挥不足

国内大部分地区的能人和乡贤在回乡带动家乡建设，促进家乡治理体系完善等方面作用发挥不足。仅有少部分典型区域形成了乡贤能人参与乡村治理的成熟模式，如江浙一带的乡贤参与治理模式多点开花，并在乡村治理中"合理补位"，大部分地区虽尝试建立"一约两会"（村规民约、百姓议事会和乡贤参事会）的多元主体参与模式，但大部分群体参与积极性不足，导致这些模式发挥作用的空间有限。

乡村治理是一项系统工程，涉及的面较为广泛，单靠正式组织主导难以实现有效治理，需要合理引导非正式组织参与，在正式组织与非正式组织之间形成合力，构建多元主体参与的乡村治理格局。就目前权利分配格局看，村两委一把手处于乡村治理权利构架中的核心地位，确保村两委一把手的选举公平，排除宗族势力的干扰，"选贤举能"是乡村治理权力分配过程的核心与关键。此外，针对外生力量融入不足的现实情况，应该积极发挥乡贤的中间人效应，帮助外生治理力量精准把握村民的所思所想，结合乡村实际情况制定乡村发展的切实可行路径。加快农村资产类的产权制度改革进程，使得更多的外生精英群体能够更加积极地向乡村输送自己的智慧和资源，促进乡村实现产业兴旺。

第三章 空心化问题及空心村治理

中国的城镇化和工业化推力使得农村的空间布局与空间活力发生显著变化，聚落的空心化问题成为乡村治理面临的重要挑战[1]。从本质上看，乡村空心化是城乡发展演化过程中的负面结果[2]，集中表现为农村人口的转移、年龄结构中间塌陷、生产及建设用地闲置等。概括为土地的空心化、人口的空心化、产业的空心化以及公共服务的空心化[3]，由此导致产业发展的内生动力不足，乡村治理的内生主体后备力量缺失，以及农村经济社会中的一系列问题。

第一节 乡村土地空心化

一、土地空心化的诱发因素

刘彦随等学者通过对山东典型村落的观察发现，伴随着农村人口转化为非农人口，农村地区的"人走屋空"现象较为常见，调研范围内 48 个典型村的平均宅基地废弃率为 8.4%，平均宅基地空闲率为 10.0%[4]。同时，留下来的居民在改善住宅环境的过程中产生"建新不拆旧"的问题，新建住宅往村庄外围区域蔓延，原村庄中心位置有人居住的宅基地面积不断减小，村外围有人居住的面积不断增加，形成"外扩内空"的发展态势。在发展初期，由于缺乏乡村建设的整体规划，造成乡村中心区域建设布局较为散乱，基础设

---

[1] 冯文勇，郑庆荣，李秀英，等. 农村聚落空心化研究现状综述及趋势 [J]. 信阳师范学院学报（哲学社会科学版），2007，27（1）：70-73.
[2] 冯丽. 城市化背景下的"空心村"现象及调控机制探讨 [J]. 理论界，2008，(2)：174-175.
[3] 刘彦随，刘玉，翟荣新. 中国农村空心化的地理学研究与整治实践 [J]. 地理学报，2009，64（10）：1193-1202.
[4] 刘彦随，刘玉. 中国农村空心化问题研究的进展与展望 [J]. 地理研究，2010，29（1）：35-42.

施相对落后且更新不足,在外围的基础设施建设时间稍晚,因此基础设施质量较村中心区域明显提升,是导致村庄"外实内虚"发展格局的重要原因①。从乡村建设向外围扩展的影响看,村庄内部空心化和外围地区扩建,使得村庄的基础设施建设难以集中②,分散式布局使得原本相对不足的建设资源难以提升使用效率。

资源环境因素、经济社会因素、体制与制度因素、管理与政策因素是农村土地"空心化"的主要诱发因素。从资源环境因素看,刘彦随等研究发现,土地资源相对宽裕,人居环境质量整体较差,同时缺乏村庄发展整体规划和宅基地关联政策缺位的地区,土地空心化现象较为突出③。从经济社会因素看,随着农民持续增收,以及家庭类型从"主干家庭"向"核心家庭"转变,分家立户的趋势愈加突出,住宅增量部分主要往外围转移,加之原有住房居住质量难以改善,使得村中心的"人走屋空"现象更为明显④。从体制与制度因素看,伴随新型城镇化的推进,在农村居民向城市转移的过程中,受户籍制度的影响,现有的社会保障体系还未充分完善,给进城的农村居民造成一种城市生活"忧虑",守住农村的宅基地成为一种心理驱使下的必然选择。同时,从事第一产业具有明显的季节效应,在农忙时节,农村居民回到农村的住宅,非农忙时节,外出到城镇务工和居住。现有的法律制度下,农村房屋禁止自由买卖,宅基地缺乏市场化的退出机制⑤。从管理与政策因素看,当前宅基地使用权存在身份性、从属性、无偿性、无固定期限性等特点⑥,加之农村土地立法缺乏弹性,使得用益物权不能很好地发挥作用⑦,由此导致"一户多宅"现象⑧⑨。

---

① 王国刚,刘彦随,王介勇. 中国农村空心化演进机理与调控策略 [J]. 农业现代化研究,2015,36 (1):34-40.
② 卢向虎,杨延梅,蒋宗杰. 农村宅基地土地整理的再思考 [J]. 农村经济,2005 (6):26-27.
③ 刘彦随,刘玉. 中国农村空心化问题研究的进展与展望 [J]. 地理研究,2010,29 (1):35-42.
④ 乔家君,祝英丽. 基于农户调查的村域住房投资区位及变化分析 [J]. 资源科学,2008 (2):206-212.
⑤ 龙花楼,李裕瑞,刘彦随. 中国空心化村庄演化特征及其动力机制 [J]. 地理学报,2009 (10):1203-1213.
⑥ 卢向虎,朱淑芳,张正河. 中国农村人口城乡迁移规模的实证分析 [J]. 中国农村经济,2006 (1):35-41.
⑦ 姜广辉,张凤荣,陈军伟,等. 基于 Logistic 回归模型的北京山区农村居民点变化的驱动力分析 [J]. 农业工程学报,2007 (5):81-87.
⑧ 周洪亮. 户的视角下的农村宅基地使用权的取得研究 [J]. 中国农村观察,2007 (5):38-43,56.
⑨ 吴文恒,牛叔文,郭晓东,等. 黄淮海平原中部地区村庄格局演变实证分析 [J]. 地理研究,2008 (5):1017-1026.

从乡村空心化的演进阶段看，刘彦随等学者将其归纳为出现期、成长期、兴盛期、稳定期和衰退期五个阶段，各阶段的特征具体见表 3-1。

表 3-1 乡村空心化的演进阶段及特点

阶段	特征
出现期	改革开放激活了农村经济活力，先富群体率先拥有了改善居住质量的能力，由于村中心的各种限制，向村外围投资建房成为一种趋势。乡村空心化由内生因素主导
成长期	20 世纪 80 年代中后期，随着前两次生育高峰的人群开始成家立业，家庭结构开始向核心家庭转变，村中心的空间容纳不了新分散独立出来的家庭。乡村空心化由内生因素主导
兴盛期	进入 21 世纪，城乡差距开始显现，城市能够提供更多比务农收益高的工作岗位，造成农村劳动力的短期流动，导致农村宅基地的"季节性闲置"现象。乡村空心化由受外生因素影响
稳定期	村中心的人居空间因一部分农村劳动力的迁出而变得相对宽松，由于村中心居住空间拥挤等内生因素的影响开始减弱，向外扩建的动力有所减弱，整体进入稳定期
衰退期	随着土地占补平衡的实施，以及各项宅基地政策的不断完善，随着向村外围区域扩建的空间被极大压缩，村中心的基础设施也不断改善，乡村空心化整体进入衰退期

资料来源：刘彦随，刘玉，翟荣新. 中国农村空心化的地理学研究与整治实践 [J]. 地理学报，2009，64（10）：1193-1202.

二、农村住户固定资产投资趋势

从全国各省份农村住户的固定资产投资情况看，大部分地区的农村固定资产投资总额呈下降趋势，固定资产投资中住宅投资占比也呈下降趋势。2016—2019 年，全国农村住户固定资产投资总额从 9 964.9 亿元下降至 9 396.2 亿元，年均降幅为 1.94%，固定资产投资中住宅投资占比从 63.54% 下降至 55.94%，下降了 7.60%。广东省的农村地区投向住宅以外的固定资产总额增长趋势显著，北京市、福建省和甘肃省的农村地区投向住宅的固定资产增长态势显著。2016—2019 年，广东省的农村地区投向住宅以外的固定资产总额提升显著，农村住户固定资产投资总额从 356.3 亿元提升至 423.4 亿元，年均增幅为 5.92%，固定资产投资中住宅以外投资占比从 16.62% 提升至 38.07%，上升了 21.46 个百分点。2016—2019 年，北京市的农村住户固定资产投资总额从 55.2 亿元提升至 76.8 亿元，年均增幅为 11.64%，固定资产投资中住宅投资占比从 88.59% 提升至 89.84%，提升了 1.26 个百分点。2016—

2019年，甘肃省的农村住户固定资产投资总额从129.9亿元提升至136.6亿元，年均增幅为1.69%，固定资产投资中住宅投资占比从52.27%提升至53.29%，提升了1.02个百分点。2016—2019年，福建省的农村住户固定资产投资总额从309.4亿元下降至248.1亿元，年均降幅为7.10%，但固定资产投资中住宅投资占比从53.81%提升至71.83%，提升了18.01个百分点。见表3-2。

表3-2 全国各省份农村住户固定资产投资变化情况

	农村住户固定资产投资总额（亿元）					农村住户固定资产投资中住宅投资占比（%）				
	2016年	2017年	2018年	2019年	年均增幅（%）	2016年	2017年	2018年	2019年	增幅
全国	9 964.9	9 554.3	10 039.2	9 396.2	-1.94	63.54	61.74	58.62	55.94	-7.60
北京	55.2	63.1	63.2	76.8	11.64	88.59	83.99	84.97	89.84	1.26
天津	23	14.2	17.6	18	-7.85	37.83	47.89	23.86	21.11	-16.71
河北	409.9	394.6	362.3	316.8	-8.23	68.55	67.13	66.19	55.71	-12.84
山西	338.6	318.4	257.7	178.9	-19.16	60.69	56.34	53.01	49.08	-11.61
内蒙古	186.1	185.3	166	154.2	-6.08	50.94	47.71	25.00	27.04	-23.90
辽宁	255.9	232	205.8	221	-4.77	41.31	42.24	41.79	24.57	-16.74
吉林	150	153	151.7	114.1	-8.72	27.13	26.67	20.37	13.85	-13.29
黑龙江	215.8	212.3	217.8	221.2	0.83	16.45	16.16	14.60	14.29	-2.16
上海	4.2	5.7	6.5	6.9	18.00	78.57	70.18	73.85	68.12	-10.46
江苏	292.4	276.8	258	236.5	-6.83	57.52	50.00	48.53	49.73	-7.80
浙江	705.1	570	863.6	665	-1.93	61.40	79.09	62.80	59.67	-1.73
安徽	456	458.7	554.9	501.6	3.23	56.43	58.27	58.52	56.08	-0.34
福建	309.4	305.9	301.1	248.1	-7.10	53.81	61.33	59.98	71.83	18.01
江西	315.5	314.9	308.6	345.9	3.11	72.23	58.37	69.35	68.57	-3.66
山东	958.4	966.7	958.6	943.8	-0.51	47.54	44.72	42.33	40.25	-7.29
河南	661.2	606.6	629.2	580.1	-4.27	74.71	72.07	68.12	64.94	-9.78
湖北	507.8	409.8	501.8	433.8	-5.11	68.91	66.54	70.55	59.20	-9.71
湖南	664.9	631.1	705.7	638.9	-1.32	75.74	70.12	63.44	70.84	-4.90

续表

	农村住户固定资产投资总额（亿元）					农村住户固定资产投资中住宅投资占比（%）				
	2016年	2017年	2018年	2019年	年均增幅（%）	2016年	2017年	2018年	2019年	增幅
广东	356.3	357.8	368.3	423.4	5.92	83.38	73.76	61.69	61.93	-21.46
广西	583.8	590.8	596.2	619.4	1.99	60.52	60.55	61.09	57.44	-3.07
海南	143.4	119	97.4	117	-6.56	72.80	76.89	86.76	72.22	-0.58
重庆	116.3	96.5	95.5	90.5	-8.02	71.88	66.32	51.94	48.07	-23.82
四川	582.2	666.2	678.8	630.5	2.69	68.19	60.00	61.83	67.45	-0.74
贵州	274.8	215.8	280.5	215.5	-7.78	64.52	61.45	60.89	54.94	-9.58
云南	456.9	461.1	469.6	479.9	1.65	98.64	93.39	89.97	83.14	-15.50
陕西	350.4	351.2	358.3	355.1	0.45	69.78	72.72	59.81	39.88	-29.90
甘肃	129.9	131.4	132.3	136.6	1.99	52.27	52.05	53.97	53.29	1.02
青海	72.5	63.7	54.4	73.5	0.46	80.69	71.27	77.57	55.65	-25.04
宁夏	85.2	88.3	89.6	65.3	-8.49	31.10	32.84	31.36	30.63	-0.48
新疆	303.7	293.5	288.2	288	-1.75	62.73	60.92	47.92	45.14	-17.59

资料来源：作者依据2017—2020年《中国农村统计年鉴》相关数据整理所得。

从各省份农村住户固定资产投资结构的横向对比看，2016年，云南省、北京市、广东省、青海省、上海市、湖南省、河南省、海南省、江西省和重庆市的农村住户固定资产投资中住宅投资比重均超过70%。黑龙江省、吉林省、宁夏回族自治区、天津市、辽宁省和山东省农村住户固定资产投资中住宅投资比重均不足50%，这些地区的固定资产投资总额减少的同时，投向住宅的资本占比也相对较低。到2019年，农村住户固定资产投资中住宅投资比重均超过70%的省市有北京市、云南省、海南省、福建省和湖南省，东三省和西北各省份的农村住户固定资产投资中住宅投资比重相对较低。

三、农村房屋施工面积变化趋势

从全国各省份农村房屋施工面积变化看，除北京市和上海市以外，其他所有省份的农村房屋施工面积均呈下降趋势，可以看出近年来农村新建房屋快速扩展的趋势得到一定程度的控制。2016—2019年，全国农村房屋施工面积从 92 039.7 万平方米下降至 69 488.9 万平方米，年均降幅为 8.94%，北京市和上海市的农村房屋施工面积扩展可能与其特大城市的属性有关，由于人口快速向特大城市集聚，城市地区建设用地指标供给不足，一些城乡接合部以及邻近城市的郊区成为重要的房屋租赁供给区域，房屋经过改建施工后，向在都市工作的外来人群提供租赁场所。由于深圳市属于广东省的统计范围，没有单独统计，但是按照特大城市的土地市场供给及人口流动规律推断，深圳市的农村房屋施工面积在近年也呈快速扩展趋势。

从全国各省份农村房屋竣工面积的结构变化看，大部分省市的农村房屋竣工面积中住宅所占比重呈上升态势，产业用房、教育用房、医疗用房等比重下降，房屋竣工面积的结构变化在一定程度上反映了农村产业的空心化和基础设施的空心化。从变化速度看，农村房屋竣工面积中住宅所占比重提升较快的省份有河北省（增幅 7.57%）、新疆维吾尔自治区（增幅 7.03%）、内蒙古自治区（增幅 6.70%）、重庆市（增幅 6.56%）、吉林省（增幅 6.45%）、海南省（增幅 5.94%）和江西省（增幅 5.17%），农村房屋竣工面积中住宅所占比重下降较快的省有山东省（降幅 4.50%）、青海省（降幅 5.43%）、江苏省（降幅 6.61%）、宁夏回族自治区（降幅 11.99%）和天津市（降幅 32.70%），其中，天津市的下降趋势较为显著，从 2016 年的 89.90%下降至 2019 年的 57.20%。见表 3-3。

表 3-3　全国各省份农村房屋施工面积及住宅竣工面积占比变化情况

	农村房屋施工面积（万平方米）					农村房屋竣工面积中住宅所占比重（%）				
	2016 年	2017 年	2018 年	2019 年	年均增幅（%）	2016 年	2017 年	2018 年	2019 年	增幅
全 国	92 039.7	84 395	79 898.2	69 488.9	-8.94	91.72	91.95	91.64	92.54	0.83
北 京	443.5	450	491	572.5	8.88	96.74	98.10	95.43	99.77	3.03
天 津	104.2	73	54.1	54.7	-19.33	89.90	93.85	91.34	57.20	-32.70
河 北	4 362.9	2 817	2 810.8	1 826.3	-25.19	87.41	87.19	86.78	94.98	7.57
山 西	3 007.9	2 758	1 916.8	1 247.9	-25.42	94.18	95.91	91.42	98.76	4.58
内蒙古	1 096	1 021	541.9	530.9	-21.46	86.98	80.93	73.50	93.68	6.70
辽 宁	1 403.4	1 257	1 121.6	740.1	-19.21	70.68	71.33	67.87	70.00	-0.68
吉 林	478.9	428	367	190.8	-26.42	93.55	96.37	100.00	100.00	6.45

续表

	农村房屋施工面积（万平方米）					农村房屋竣工面积中住宅所占比重（%）				
	2016年	2017年	2018年	2019年	年均增幅（%）	2016年	2017年	2018年	2019年	增幅
黑龙江	497.6	414	532.8	455.4	-2.91	80.15	93.64	70.64	78.44	-1.71
上海	35	41	51.3	47.4	10.64	96.91	97.06	97.18	98.50	1.59
江苏	2 215	1 933	1 600	1 580	-10.65	94.17	95.14	92.57	87.55	-6.61
浙江	4 332.3	3 960	4 884.6	3 328.2	-8.41	97.12	98.46	97.81	96.15	-0.98
安徽	4 959.6	4 947	4 677.6	4 209.8	-5.32	92.05	96.02	94.54	95.38	3.33
福建	2 299.6	2 314	2 393.6	2 112.9	-2.78	98.19	99.35	96.45	99.22	1.02
江西	3 721.6	3 013	3 253.7	3 281.7	-4.11	90.78	94.67	95.41	95.96	5.17
山东	10 810	10 903	10 592.9	10 342.9	-1.46	87.93	84.06	82.54	83.42	-4.50
河南	6 686.4	5 399	5 824	5 281.6	-7.56	92.56	93.12	93.76	95.16	2.60
湖北	4 305.5	3 424	4 404.8	2 686.1	-14.55	93.60	97.39	95.01	92.72	-0.88
湖南	5 406.9	5 009	3 978.6	3 719.5	-11.72	93.37	94.14	94.32	95.22	1.85
广东	3 073.2	4 195	2 410.2	2 876.5	-2.18	98.04	88.73	96.77	97.13	-0.92
广西	6 552.5	6 638	6 684.8	6 423.5	-0.66	96.52	96.48	96.30	95.99	-0.53
海南	1 272.3	994	856.2	855.1	-12.41	90.98	100.00	95.50	96.92	5.94
重庆	1 139.1	1 032	758.7	615.1	-18.57	91.09	92.41	89.52	97.65	6.56
四川	5 255.6	5 771	5 830.7	4 756.4	-3.27	90.47	91.80	90.20	92.62	2.16
贵州	2 414.9	1 739	1 979	1 461	-15.42	96.83	97.62	98.44	96.74	-0.09
云南	7 322.6	5 955	5 341	4 758.8	-13.38	89.93	88.48	93.53	92.13	2.21
陕西	3 039.1	2 564	2 277.1	1 520.3	-20.62	94.61	94.20	95.08	95.67	1.07
甘肃	1 349	1 367	1 377	1 276	-1.84	88.67	88.12	90.02	90.64	2.22
青海	717.1	624	499.3	520.2	-10.15	95.78	95.32	91.89	90.35	-5.43
宁夏	456	538	458	270	-16.03	87.50	83.83	98.25	75.51	-11.99
新疆	3 281.8	2 817	1 929	1 947.2	-15.97	88.43	95.33	94.07	95.46	7.03

资料来源：作者依据2017—2020年《中国农村统计年鉴》相关数据整理所得。

第二节 乡村人口空心化

空心村问题实质上是人才的去留问题,要想留住人才,需要乡村的就业岗位在数量和质量上同时得到保障,但目前的情况是空心村普遍存在着产业发展不足和治理体系不完善等问题,使人才本地就业和参与乡村治理的基础薄弱。人才流失影响着乡村发展的各方面,从乡村治理的角度看,人才流失使乡村干部的来源脱离精英群体,进而使村干部的自身能力和素质得不到保障,导致乡村治理主体"新陈代谢"的自我调节效应削弱,不利于基层村党组织、村委会、村集体经济组织的长期发展。

从乡村产业发展的角度,人才流失使乡村集体经济组织缺乏能人带动效应,导致乡村产业发展不足,同时导致农村生产用地、宅基地等资源大量闲置,资源使用效率不高。以下从全国层面、省份层面观察乡村人口的流向及年龄结构问题。

一、全国各省份乡村人口绝对数量变化

2016—2019年,全国乡村人口数从5.8973亿人下降至5.5162亿人,年均降幅为2.20%。具体到各省份层面,除西藏自治区乡村人口数有所增加外,其他省份的乡村人口数均呈减少态势。乡村人口减少速度较快的省份有重庆市(年均降幅3.11%)、湖南省(年均降幅2.81%)、江苏省(年均降幅2.79%)、河南省(年均降幅2.78%)、四川省(年均降幅2.66%)、江西省(年均降幅2.65%)、河北省(年均降幅2.64%)、陕西省(年均降幅2.63%)、贵州省(年均降幅2.37%)、吉林省(年均降幅2.27%)、山西省(年均降幅2.20%)和湖北省(年均降幅2.13%)。

二、从全国各省份乡村人口占人口总数比重的变化

2016—2019年,全国乡村人口占人口总数比重从42.70%下降至39.40%,下降了3.30个百分点,农村人口向城市转移的态势较为明显。重庆市(降幅4.20个百分点)、湖南省(降幅4.50个百分点)、河北省(降幅4.30个百分点)、陕西省(降幅4.10个百分点)、江西省(降幅4.30个百分点)、河南省(降幅4.70个百分点)、浙江省(降幅3.00个百分点)、四川省(降幅4.60个百分点)、江苏省(降幅2.90个百分点)和贵州省(降幅4.90个百分点)的乡村人口占比下降较快。见表3-4。

表 3-4 全国各省份乡村人口数及在总人口中的比重变化情况

	乡村人口数（万人）					乡村人口占人口总数比重（%）				
	2016年	2017年	2018年	2019年	年均增幅（%）	2016年	2017年	2018年	2019年	增幅
全 国	58 973	57 661	56 401	55 162	-2.20	42.70	41.50	40.40	39.40	-3.30
北 京	293	293	291	289	-0.46	13.50	13.50	13.50	13.40	-0.10
天 津	267	266	263	258	-1.14	17.10	17.10	16.90	16.50	-0.60
河 北	3 487	3 383	3 292	3 218	-2.64	46.70	45.00	43.60	42.40	-4.30
山 西	1 612	1 579	1 546	1 508	-2.20	43.80	42.70	41.60	40.40	-3.30
内蒙古	978	961	945	931	-1.63	38.80	38.00	37.30	36.60	-2.20
辽 宁	1 428	1 420	1 391	1 388	-0.94	32.60	32.50	31.90	31.90	-0.70
吉 林	1 203	1 178	1 148	1 123	-2.27	44.00	43.40	42.50	41.70	-2.30
黑龙江	1 550	1 538	1 505	1 467	-1.82	40.80	40.60	39.90	39.10	-1.70
上 海	293	297	288	284	-1.03	12.10	12.30	11.90	11.70	-0.40
江 苏	2 582	2 508	2 447	2 372	-2.79	32.30	31.20	30.40	29.40	-2.90
浙 江	1 845	1 810	1 784	1 755	-1.65	33.00	32.00	31.10	30.00	-3.00
安 徽	2 974	2 909	2 865	2 813	-1.84	48.00	46.50	45.30	44.20	-3.80
福 建	1 410	1 377	1 347	1 331	-1.90	36.40	35.20	34.20	33.50	-2.90
江 西	2 154	2 098	2 044	1 987	-2.65	46.90	45.40	44.00	42.60	-4.30
山 东	4 076	3 944	3 900	3 876	-1.66	41.00	39.40	38.80	38.50	-2.50
河 南	4 909	4 764	4 638	4 511	-2.78	51.50	49.80	48.30	46.80	-4.70
湖 北	2 466	2 402	2 349	2 312	-2.13	41.90	40.70	39.70	39.00	-2.90
湖 南	3 223	3 113	3 034	2 959	-2.81	47.30	45.40	44.00	42.80	-4.50
广 东	3 388	3 367	3 324	3 295	-0.92	30.80	30.20	29.30	28.60	-2.20
广 西	2 512	2 481	2 452	2 426	-1.15	51.80	50.80	49.80	48.90	-3.00
海 南	396	389	382	385	-0.93	43.20	42.00	40.80	40.80	-2.40
重 庆	1 140	1 105	1 070	1 037	-3.11	37.40	35.90	34.50	33.20	-4.20

续表

	乡村人口数（万人）				年均增幅（%）	乡村人口占人口总数比重（%）				增幅
	2016年	2017年	2018年	2019年		2016年	2017年	2018年	2019年	
四川	4 196	4 085	3 979	3 870	-2.66	50.80	49.20	47.70	46.20	-4.60
贵州	1 985	1 932	1 889	1 847	-2.37	55.90	54.00	52.50	51.00	-4.90
云南	2 623	2 559	2 521	2 482	-1.82	55.00	53.30	52.20	51.10	-3.90
西藏	233	233	237	240	0.99	70.40	69.10	68.90	68.50	-1.90
陕西	1 703	1 657	1 618	1 572	-2.63	44.70	43.20	41.90	40.60	-4.10
甘肃	1 444	1 408	1 379	1 363	-1.91	55.30	53.60	52.30	51.50	-3.80
青海	287	281	275	271	-1.89	48.40	46.90	45.50	44.50	-3.90
宁夏	295	287	283	279	-1.84	43.70	42.00	41.10	40.10	-3.60
新疆	1 239	1 238	1 221	1 214	-0.68	51.70	50.60	49.10	48.10	-3.60

资料来源：作者依据2017—2020年《中国农村统计年鉴》相关数据整理所得。

第三节　乡村公共服务空心化

公共服务的空心化在一定程度上可以说是人口空心化的一个伴生效应。伴随着农村青壮年劳动力的外流，乡村医疗和教育服务人员的规模也在整体缩减，由此带来的是进城务工人员难以享受与城市居民同等医疗、教育条件的同时，留守乡里的老人和小孩接受的公共服务质量下降。

一、乡村医疗服务人员缩减

从乡村卫生室数量变化看，2016—2019年，全国村卫生室数量从638 763个减少至616 094个，年均降幅为1.20%。各省份层面，除安徽省、山东省和云南省以外，其他各省份的村卫生室数量均呈下降趋势，其中下降趋势显著的是湖南省（年均降幅3.78%）、辽宁省（年均降幅3.71%）、北京市（年均降幅3.54%）、黑龙江省（年均降幅2.82%）、宁夏回族自治区（年均降幅2.78%）、江西省（年均降幅2.60%）、福建省（年均降幅2.43%）、陕西省（年均降幅2.23%）、湖北省（年均降幅2.13%）、天津市（年均降幅

2.07%)、重庆市（年均降幅2.00%）。见表3-5。

表3-5 全国各省份乡村卫生室个数及乡村医生人员数变化

	村卫生室个数（个）					乡村医生和卫生员数（人）				
	2016年	2017年	2018年	2019年	年均增幅（%）	2016年	2017年	2018年	2019年	年均增幅（%）
全国	638 763	632 057	622 001	616 094	-1.20	1 000 324	968 611	907 098	842 302	-5.57
北京	2 729	2 696	2 493	2 449	-3.54	3 364	3 247	2 977	2 776	-6.20
天津	2 528	2 541	2 511	2 374	-2.07	5 140	4 973	4 600	4 107	-7.21
河北	60 371	60 225	59 047	59 526	-0.47	82 281	79 741	72 690	65 749	-7.20
山西	29 027	28 942	28 338	28 106	-1.07	38 593	37 935	35 642	33 967	-4.17
内蒙古	13 632	13 625	13 539	13 321	-0.77	17 944	18 128	17 639	16 397	-2.96
辽宁	20 120	19 519	19 127	17 963	-3.71	25 095	23 995	21 884	19 756	-7.66
吉林	10 172	10 108	9 901	9 615	-1.86	17 248	16 097	14 768	13 617	-7.58
黑龙江	11 384	10 842	10 740	10 448	-2.82	23 464	21 688	20 156	18 072	-8.34
上海	1 218	1 187	1 162	1 179	-1.08	806	829	717	599	-9.42
江苏	15 475	15 319	15 311	15 169	-0.66	32 520	30 934	27 000	24 803	-8.63
浙江	11 677	11 535	11 483	11 590	-0.25	8 000	7 792	7 312	6 937	-4.64
安徽	15 276	15 331	15 317	15 549	0.59	43 290	40 869	37 609	35 006	-6.84
福建	18 945	18 608	18 283	17 596	-2.43	26 502	25 256	23 297	21 202	-7.17
江西	30 394	29 734	28 309	28 088	-2.60	45 079	43 421	39 550	37 284	-6.13
山东	53 226	53 024	53 246	53 663	0.27	118 280	109 657	101 069	90 798	-8.44
河南	56 774	56 462	56 173	56 079	-0.41	113 804	109 457	103 306	96 002	-5.51
湖北	24 792	24 636	24 411	23 242	-2.13	40 396	39 530	37 373	34 434	-5.18
湖南	44 339	42 144	39 976	39 504	-3.78	47 058	44 460	39 987	36 374	-8.23
广东	26 886	26 459	25 996	25 788	-1.38	24 996	24 051	23 063	21 810	-4.44
广西	21 011	20 770	20 409	19 877	-1.83	34 981	34 147	32 648	31 295	-3.64
海南	2 670	2 638	2 716	2 647	-0.29	3 312	3 012	3 378	3 233	-0.80

续表

	村卫生室个数（个）					乡村医生和卫生员数（人）				
	2016年	2017年	2018年	2019年	年均增幅（%）	2016年	2017年	2018年	2019年	年均增幅（%）
重庆	11 240	10 991	10 847	10 580	-2.00	21 644	20 076	17 906	16 012	-9.56
四川	55 958	56 216	56 019	55 772	-0.11	65 450	64 771	62 907	60 546	-2.56
贵州	20 652	20 543	20 355	20 265	-0.63	34 690	35 105	34 097	32 027	-2.63
云南	13 432	13 446	13 404	13 450	0.04	36 038	37 308	38 443	37 483	1.32
西藏	5 360	5 324	5 298	5 300	-0.37	10 905	12 685	12 748	12 412	4.41
陕西	25 412	24 978	24 183	23 747	-2.23	32 706	31 853	29 424	27 226	-5.93
甘肃	16 748	17 032	16 487	16 461	-0.57	21 121	21 358	19 330	18 197	-4.85
青海	4 518	4 518	4 474	4 510	-0.06	6 528	7 121	6 795	6 860	1.67
宁夏	2 365	2 301	2 300	2 173	-2.78	3 559	3 244	3 137	3 132	-4.17
新疆	10 432	10 363	10 146	10 063	-1.19	15 530	15 871	15 646	14 189	-2.97

资料来源：作者依据2017—2020年《中国农村统计年鉴》相关数据整理所得。

二、乡村办学规模缩减

全国义务教育阶段的乡村办学规模缩减态势显著。由于缺乏各省份乡村教育方面的数据，从全国乡村初中的各项指标变化看，1995—2019年，全国乡村初中学校数从45 626所减少至14 477所，年均降幅为7.87%；全国乡村初中班级数从50.9万个减少至15万个，年均降幅为8.36%；全国乡村初中毕业生人数从684.6万人减少至201.8万人，年均降幅为8.36%；全国乡村初中招生人数从1 017.3万人减少至216.4万人，年均降幅为10.47%；全国乡村初中在校学生数从2 659.8万人减少至650.4万人，年均降幅为9.57%；全国乡村初中专任教师数从149.9万人减少至55.8万人，年均降幅为6.82%。

从全国乡村办小学的各项指标变化看，1995—2019年，全国乡村小学学校数从55.9万所减少至8.9万所，年均降幅为12.3%；全国乡村小学班级数从309.4万个减少至95.3万个，年均降幅为8.07%；全国乡村小学毕业生人数从1 328.7万人减少至410.1万人，年均降幅为8.05%；全国乡村小学招生人数从1 791.1万人减少至439.9万人，年均降幅为9.54%；全国乡村小学在校学生数从9 306.2万人减少至2 557.5万人，年均降幅为8.81%；全国乡村小学专任教师数从382.7万人减少至182.6万人，年均降幅为5.15%。见表3-6。

表3-6 全国乡村办中小学各项指标变化情况

全国指标	初中						小学					
	学校数	班数	毕业生数	招生数	在校生数	专任教师	学校数	班数	毕业生数	招生数	在校生数	专任教师
单位	所	万个	万人	万人	万人	万人	万所	万个	万人	万人	万人	万人
1995年	45 626	50.9	684.6	1 017.3	2 659.8	149.9	55.9	309.4	1 328.7	1 791.1	9 306.2	382.7
2000年	39 313	60.1	903.8	1 265.9	3 428.5	168.2	44	274.6	1 567.6	1 253.7	8 503.7	367.8
2013年	18 485	17.8	313.9	274.5	814.5	73.1	14	113.9	560.3	591.8	3 217	219.9
2014年	17 707	16.6	251.1	249.7	748.5	68.5	12.9	109.7	474.3	534.7	3 049.9	211.6
2015年	16 991	15.7	235.4	232.5	702.5	64.5	11.8	106.9	440.9	539.1	2 965.9	203.8
2016年	16 171	15.1	224.7	227.1	667	60.8	10.6	104.8	432.3	517.2	2 891.7	197.5
2017年	15 288	14.7	207.9	224	643.4	57.5	9.6	101.4	430.8	486.9	2 775.4	177.2
2018年	14 792	14.9	198	224.2	648.4	56.3	9.1	98.4	428.6	470.8	2 666.4	171.7
2019年	14 477	15	201.8	216.4	650.4	55.8	8.9	95.3	410.1	439.9	2 557.5	182.6
年均增幅（%）	-7.87	-8.36	-8.36	-10.47	-9.57	-6.82	-12.3	-8.07	-8.05	-9.54	-8.81	-5.15

资料来源：作者依据2017—2020年《中国农村统计年鉴》相关数据整理所得。

第四节 空心村治理模式

从国内的实践看，山东省、河北省、陕西省、江苏省、重庆市等区域在乡村空心化治理方面进行了率先探索。在理论界，刘彦随等学者提出农村空心化治理的"三整合"调控理论，本书对三整合调控理论进行拓展深化。

一是空间重构。在城乡融合的发展过程中，乡村居民集聚点逐渐由"生活"功能，转变为集"生产、生活、生态"功能于一体的多功能承载地。应该重构有利于城乡发展要素融合对接的空间结构，引导农村居民逐渐向中心村的社区集中，降低散点分布带来的生态污染问题以及基础设施使用效率低的问题，同时引导产业逐渐向附近农业园区集聚，引导农村居民实现农业生产活动的集约化。

二是组织重建。当前空心村治理的主体主要是各级政府部门，但多部门"九龙治水"带来了权责不对称和对接效率损失问题。靠政府单一主体协调空心村治理问题，难以实现治理效率提升，应该进一步搭建相应的平台，加强协同机制建设，同时引导农业经济合作组织参与空心村治理，实现中心村居民点的"产城融合"，使村民不离开原有土地而造成农民"失业"。

三是产业重塑。新时期乡村空间的重构和组织重构带来一定意义上的集聚经济，是促进乡村生产要素整合的一个重要契机，相关的农村经济合作组织在中心村整合资源的成本低于原来分散聚落时的整合成本，同时电商平台和物流平台在中心村更容易获得规模报酬递增的优势，应该以此为基础，进行乡村产业资源重构。

一、河北省张家口市空心村治理的经验与模式

河北省张家口市位于河北省西北部，为寒温带大陆性季风气候区，是河北省矿产资源较为丰富的地级市，同时拥有较好的风能和太阳能等清洁能源开发前景，是首都重要的水源涵养区。上游水源区多为乡村地区，乡村治理成效的好坏间接影响到首都水生态安全。2019—2020年，张家口市针对空置率在50%以上的924个行政村开展分类整治工作，主要涉及三个领域：

一是"易地新建"模式。针对自然条件恶劣、生态环境脆弱的空心村实施易地新建，对原村庄拆除复垦。主要模式包括：在县城及周边建设安置点，这种模式较为普遍；在产业发展较好、基础设施和公共服务设施较为完善的中心村建设集中安置点；向产业园区、景区搬迁，推进农村新型社区、工业园区、现代农业园区融合发展；向基础设施条件较好的建制乡镇搬迁。"易地新建"模式涉及跨乡镇搬迁安置问题。

二是"联村并建"模式。对于空置率较高、距离县城和中心镇较远、绝大多数村民不愿外迁的"空心村"，张家口市采用联村并建方式进行治理。就近依托产业基础好、人口吸纳能力强的中心村或保留村，按照村民新型社区、产业园区、生态功能区"三区"同建的路径，联合建设农村新型社区，对参与并建的"空心村"实施整体拆迁复垦。

三是"就地整治"模式。对于空置率相对较低且有一定区位优势、产业基础、文化底蕴和旅游资源的"空心村"，张家口市通过改造提升、主村集聚

等形式进行就地整治，通过拆旧建新、农宅置换、复垦等整体提升的方式，发展休闲农业、乡村旅游、农村电商等绿色新产业、新业态，带动农户脱贫致富。

二、山东省禹城市空心村治理模式

禹城市位于齐鲁大地的西北部地区，为温暖带半湿润气候区，光热及水土条件较好，是国家重要的商品粮、优质棉、肉猪生产基地，下辖1 008个行政村。农村居民点分布小而散，一些村庄面临住宅闲置、厂房废弃、土地征收而未投入使用的问题。

禹城市空心村治理的三个原则：一是因地制宜。立足各地发展的阶段性特点，基于不同类型村庄制定差异化的治理模式。二是经济可行。先在城乡建设用地增减挂钩区推动空心村治理工作，合理规划，避免大拆大建。三是以人为本。充分尊重农户意愿，科学规划、合理补偿。

禹城市空心村治理涉及的重点领域有三个：一是空间优化。将原来的空心村耕地逐渐退让还田，构建新的现代化农业园区，结合"东工西农"的区域特点，实施"东占西补"的土地占比平衡模式。通过实施"迁村并居"项目，合理引导农户向中心村和周边城镇社区集中。二是组织有序。通过"撤乡并镇、迁村并居、精简机构"，构建新的中心村镇管理架构。三是产业高效。以空心村整治腾退的耕地为基础，探索土地流转置换，引导土地的规模化经营。

结合陈玉福等的调研情况，山东省禹城市的空心村治理模式主要有城镇化引领型、中心村整合型、村内集约型三种[①]。

（1）城镇化引领型空心村治理模式。空心村处于城市化边缘区和中心城镇周边地区，基础设施相对完善，就业结构以第二、第三产业为主，收入结构以非农收入为主，农户以外出务工居多，对耕地的依附性不高，具有推动土地流转的较强意愿。对这类空心村的主要治理内容涉及将生产和生活用地向中心城镇集中，整合村委会组织，形成新的社区化管理模式，引导行业协会组织参与生产活动。政策调整的重点是推动农户以土地换社会保障。资金来源渠道是农地转用征收的土地有偿使用费、耕地开垦费等。

（2）中心村整合型空心村治理模式。空心村远离市区或中心城镇，闲置土地较多，村落比较密集，就业结构以第一产业为主，农户能够接受较大的

---

① 陈玉福，孙虎，刘彦随. 中国典型农区空心村综合整治模式 [J]. 地理学报，2010，65（6）：727-735.

耕作半径，同时对中心社区建设的意愿较强。对这类空心村的主要治理内容涉及"迁村并居"，在旧的空间范围内退宅还田，在新的社区内集中建设公共设施，同时对中心村的产业发展有一定规划。政策调整体现在建立统筹城乡的公平税收政策和利益协调机制，资金来源于省内经济快速发展地区建设用地占用耕地指标的转移费用。

（3）村内集约型空心村治理模式。空心村闲置土地面积较大，基础设施条件差，且远离其他村庄，就业结构以第一产业为主，农民外出打工意愿不强，能够接受的耕作半径较小，对整治村庄居住环境意愿强烈。对这类空心村的主要治理内容涉及划定村庄建设边界，利用废弃及空闲土地建设新房，改灶、改圈、改厕，完善公共设施。政策调整体现为创新激励农村集约用地机制和土地合法流转政策。资金来源于政府农业综合开发项目与相关项目扶持投入和新农村建设专项资金。

第五节 小结

本章对乡村空心化问题的成因、演化阶段及特点进行研究，重点围绕土地的空心化、人口的空心化和公共服务的空心化问题展开分析。

一、人口的空心化现象

一是乡村人口的外流，导致乡村治理主体的内生动力不足。数据显示，全国及各省份的乡村人口减少趋势明显。

二是乡村人口的老龄化问题突出，60岁以上的老年人口占比不断提升。

二、土地的空心化现象

一是"外扩内空"，即原来的村中心房屋闲置，人气不足，新建住房主要向村外围蔓延。

二是"城乡两栖"，即外出务工人员在非农忙时节主要在外居住，位于村里的住宅出现季节性闲置，同时还有一部分外出务工人员基本脱离原有乡村，位于村里的住宅出现长期性闲置。虽全国大部分省份的农村住户固定资产投资出现下降趋势，但乡村住宅竣工面积在乡村总竣工面积中的占比基本维持在70%以上，不少省份的这一比例高达90%以上，其他的基础设施建设竣工面积仅占较小比重。村中心环境质量恶化，发展空间不足，以及家庭结构的转变是"外扩内空"形成的重要原因。现有的农村宅基地管理制度缺位、执行力不强、宅基地用益物权缺乏弹性，以及外出务工人员仍存在"留一份家业在农村"的保守思想，是"城乡两栖"现象产生的主要原因。

三、公共服务的空心化

一是基础教育办学规模的缩减，乡村义务教育阶段的学生数、专任教师数呈显著下降趋势。

二是乡村卫生机构规模的缩减，全国及各省份的乡村卫生室数量下降趋势显著，同时乡村医生及卫生员的数量也快速下降。原因在于乡村人口外流使公共服务对象缩减，乡村公共服务的空心化也是人口空心化的伴生效应。最后，总结了国内目前空心村治理的典型模式与经验。

第四章　农村居民收入及消费水平

当前，城乡发展不平衡是新时代中国面临的主要矛盾。发展不平衡不仅体现在大区域之间，还体现在区域内城市和农村之间，即城乡二元结构现象仍比较突出。纵观世界主要发达经济体，其内部发展不平衡的问题基本解决，城乡二元结构基本消除。审视国内，在城市和乡村之间，收入水平及消费水平仍然存在较大差距。按照乡村振兴的 20 字指导方针，我们要建设产业兴旺、生态宜居、乡风文明、治理有效、生活富裕的新时代乡村。农村居民收入水平的提升（藏富于民）是乡村可持续发展的重要推力，有利于释放农村居民的消费活力，也是提升农村居民生活质量，促进内需市场消费升级的关键举措。

第一节　农村居民可支配收入变化趋势及构成

农村居民可支配收入的提升，是农村居民物质生活需求向更高层次迈进的关键，也是考验地方政府对农村产业组织发展引导成效的客观指标。目前，农村居民的收入主要由四方面构成，分别是工资性收入、经营性收入、财产性收入和转移净收入，其中，前三项收入越高反映了乡村产业发展活力越强，同时也反映了乡村产业发展对农民收入增长的带动效应越强，是乡村产业治理有效的重要体现。

一、农村居民可支配收入变化

2016—2019 年，全国农村居民可支配收入呈持续上升态势，从 12 363.4 元上升至 16 020.7 元，年均增幅为 9.02%。上海市、浙江省、北京市、天津市、江苏省、福建省、广东省、山东省、湖北省、辽宁省的农村居民可支配收入超过全国平均水平。这些省份基本属于东部地区，率先享受到改革开放带来的红利，出现了率先富起来的农民群体。

2016—2019年，上海市的农村居民可支配收入从25 520.4元增加至33 195.2元（年均增幅9.16%）；浙江省的农村居民可支配收入从22 866.1元增加至29 875.8元（年均增幅9.32%）；北京市的农村居民可支配收入从22 309.5元增加至28 928.4元（年均增幅9.05%）；天津市的农村居民可支配收入从20 075.6元增加至24 804.1元（年均增幅7.30%）；江苏省的农村居民可支配收入从17 605.6元增加至22 675.4元（年均增幅8.80%）；福建省的农村居民可支配收入从14 999.2元增加至19 568.4元（年均增幅9.27%）；广东省的农村居民可支配收入从14 512.2元增加至18 818.4元（年均增幅9.05%）；山东省的农村居民可支配收入从13 954.1元增加至17 775.5元（年均增幅8.40%）；湖北省的农村居民可支配收入从12 725元增加至16 390.9元（年均增幅8.80%）；辽宁省的农村居民可支配收入从12 880.7元增加至16 108.3元（年均增幅7.74%）。见表4-1。

贺雪峰等学者认为，当前中国不同地区的农村居民收入存在着显著的地域分化，处于内陆地区的省份其农村居民的人均收入水平普遍低于沿海地区的农村居民人均收入水平[①]。统计数据显示，国内农村居民可支配收入相对较低的省份有：甘肃省、贵州省、青海省、云南省、陕西省和宁夏回族自治区。2016—2019年，甘肃省的农村居民可支配收入从7 456.9元增加至9 628.9元（年均增幅8.89%）；贵州省的农村居民可支配收入从8 090.3元增加至10 756.3元（年均增幅9.96%）；青海省的农村居民可支配收入从8 664.4元增加至11 499.4元（年均增幅9.90%）；云南省的农村居民可支配收入从9 019.8元增加至11 902.4元（年均增幅9.68%）；陕西省的农村居民可支配收入从9 396.4元增加至12 325.7元（年均增幅9.47%）；宁夏回族自治区的农村居民可支配收入从9 851.6元增加至12 858.4元（年均增幅9.28%）。见表4-1。

表4-1　全国各省份农村居民可支配收入变化　　　　　（元）

年	2016	2017	2018	2019	年均增幅（%）
全国	12 363.4	13 432.4	14 617	16 020.7	9.02
北京	22 309.5	24 240.5	26 490.3	28 928.4	9.05
天津	20 075.6	21 753.7	23 065.2	24 804.1	7.30

---

① 贺雪峰. 论富人治村：以浙江奉化调查为讨论基础［J］. 社会科学研究，2011（2）：111-119.

续表

年	2016	2017	2018	2019	年均增幅（%）
河北	11 919.4	12 880.9	14 030.9	15 373.1	8.85
山西	10 082.5	10 787.5	11 750	12 902.4	8.57
内蒙古	11 609	12 584.3	13 802.6	15 282.8	9.60
辽宁	12 880.7	13 746.8	14 656.3	16 108.3	7.74
吉林	12 122.9	12 950.4	13 748.2	14 936	7.20
黑龙江	11 831.9	12 664.8	13 803.7	14 982.1	8.19
上海	25 520.4	27 825	30 374.7	33 195.2	9.16
江苏	17 605.6	19 158	20 845.1	22 675.4	8.80
浙江	22 866.1	24 955.8	27 302.4	29 875.8	9.32
安徽	11 720.5	12 758.2	13 996	15 416	9.57
福建	14 999.2	16 334.8	17 821.2	19 568.4	9.27
江西	12 137.7	13 241.8	14 459.9	15 796.3	9.18
山东	13 954.1	15 117.5	16 297	17 775.5	8.40
河南	11 696.7	12 719.2	13 830.7	15 163.7	9.04
湖北	12 725	13 812.1	14 977.8	16 390.9	8.80
湖南	11 930.4	12 935.8	14 092.5	15 394.8	8.87
广东	14 512.2	15 779.7	17 167.7	18 818.4	9.05
广西	10 359.5	11 325.5	12 434.8	13 675.7	9.70
海南	11 842.9	12 901.8	13 988.9	15 113.1	8.47
重庆	11 548.8	12 637.9	13 781.2	15 133.3	9.43
四川	11 203.1	12 226.9	13 331.4	14 670.1	9.40
贵州	8 090.3	8 869.1	9 716.1	10 756.3	9.96
云南	9 019.8	9 862.2	10 767.9	11 902.4	9.68
西藏	9 093.8	10 330.2	11 449.8	12 951	12.51
陕西	9 396.4	10 264.5	11 212.8	12 325.7	9.47

续表

年	2016	2017	2018	2019	年均增幅（%）
甘肃	7 456.9	8 076.1	8 804.1	9 628.9	8.89
青海	8 664.4	9 462.3	10 393.3	11 499.4	9.90
宁夏	9 851.6	10 737.9	11 707.6	12 858.4	9.28
新疆	10 183.2	11 045.3	11 974.5	13 121.7	8.82

资料来源：作者依据2017—2020年《中国农村统计年鉴》相关数据整理所得。

二、农村居民可支配收入的构成

农村居民可支配收入的构成有工资性收入、经营性收入、财产性收入和转移净收入。从各项收入占农村居民可支配收入的比重看，2016—2019年，全国农村居民的工资性收入占可支配收入比重从40.6%上升至41.1%（提升0.5个百分点），全国农村居民的经营性收入占可支配收入比重从38.3%下降至36%（下降2.3个百分点），全国农村居民的财产性收入占可支配收入比重从2.2%上升至2.4%（提升0.2个百分点），全国农村居民的转移净收入占可支配收入比重从18.8%上升至20.6%（提升1.8个百分点）。从数据看出，工资性收入和经营性收入是农村居民收入的主要来源，财产性收入占比较低，通过财政转移获得的收入有所提升。

（一）全国各省份农村居民工资性收入

北京市、上海市、浙江省、天津市、江苏省、广东省、福建省、河北省、山东省和江西省的农村居民工资性收入高于全国平均水平。第一梯队的北京市、上海市、浙江省、天津市、江苏省的工资性收入在农村居民可支配收入中的占比均在下降；第二梯队的广东省、福建省、河北省、山东省和江西省的工资性收入在农村居民可支配收入中的占比均在上升。2016—2019年，北京市的农村居民工资性收入从16 637.5元增加至21 376元（年均增幅8.71%），占可支配收入比重从74.6%下降至73.9%；上海市的农村居民工资性收入从18 947.9元增加至20 019.8元（年均增幅1.85%），占可支配收入比重从74.2%下降至60.3%；浙江省的农村居民工资性收入从14 204.3元增加至18 479.6元（年均增幅9.17%），占可支配收入比重从62.1%下降至61.9%；天津市的农村居民工资性收入从12 048.1元增加至14 750.5元（年均增幅6.98%），占可支配收入比重从60%下降至59.5%；江苏省的农村居民工资性收入从 8 731.7 元增加至 11 076.7 元（年均增幅 8.25%），占可支配收入比重从 49.6% 下降至 48.8%。广东省的农村居民工资性收入从 7 255.3 元增加至 9 698.7 元（年均增幅 10.16%），占可支配收入比重从 45.2% 上升至 45.7%；福建省的农村居民工资性收入从 6 785.2 元增加至 8 949.3 元（年均增幅 9.67%），占可支配收入比重从 45.2% 上升至 45.7%；河北省的农村居民工资性收入从 6 263.2 元增加至 8 120 元（年均增幅 9.04%），占可支配收入比重从 52.5% 上升至 52.8%；山东省的农村居民工资性收入从 5 569.1 元增加至 7 165.2 元（年均增幅 8.76%），占可支配收入比重从 39.9% 上升至 40.3%；江西省的农村居民工资性收入从 4 954.7 元增加至 6 699.2 元（年均增幅 10.58%），占可支配收入比重从 40.8% 上升至 42.4%。见表 4-2。

表 4-2　全国各省份农村居民的工资性收入及占比变化

	工资性收入变化（元/人）				占可支配收入比重变化（%）			
	2016 年	2017 年	2018 年	2019 年	2016 年	2017 年	2018 年	2019 年
全国	5 021.8	5 498.4	5 996.1	6 583.5	40.6	40.9	41	41.1
北京	16 637.5	18 222.8	19 826.7	21 376	74.6	75.2	74.8	73.9
天津	12 048.1	13 138.7	13 568.1	14 750.5	60	60.4	58.8	59.5
河北	6 263.2	6 840.9	7 454.1	8 120	52.5	53.1	53.1	52.8
山西	5 204.4	5 462.4	5 735.8	6 098.1	51.6	50.6	48.8	47.3
内蒙古	2 448.9	2 649.3	2 896.6	3 173.8	21.1	21.1	21	20.8
辽宁	5 071.2	5 423.1	5 644.8	6 223.9	39.4	39.4	38.5	38.6
吉林	2 363.1	3 018.3	3 521.5	3 933.9	19.5	23.3	25.6	26.3
黑龙江	2 430.5	2 840.3	3 009.1	3 329.7	20.5	22.4	21.8	22.2
上海	18 947.9	20 289.2	19 503.5	20 019.8	74.2	72.9	64.2	60.3
江苏	8 731.7	9 513	10 221.6	11 076.7	49.6	49.7	49	48.8
浙江	14 204.3	15 457.1	16 898.4	18 479.6	62.1	61.9	61.9	61.9
安徽	4 291.4	4 624	5 058	5 462.5	36.6	36.2	36.1	35.4
福建	6 785.2	7 415.9	8 214.7	8 949.3	45.2	45.4	46.1	45.7
江西	4 954.7	5 609.2	6 121	6 699.2	40.8	42.4	42.3	42.4

续表

	工资性收入变化（元/人）				占可支配收入比重变化（%）			
	2016年	2017年	2018年	2019年	2016年	2017年	2018年	2019年
山东	5 569.1	6 068.9	6 550	7 165.2	39.9	40.1	40.2	40.3
河南	4 228	4 770.4	5 335.6	5 866.6	36.1	37.5	38.6	38.7
湖北	4 023	4 389.6	4 886.8	5 352.9	31.6	31.8	32.6	32.7
湖南	4 946.2	5 340.8	5 769.3	6 224	41.5	41.3	40.9	40.4
广东	7 255.3	7 854.6	8 510.2	9 698.7	50	49.6	49.6	51.5
广西	2 848.1	3 242.4	3 691.4	4 258.5	27.5	28.6	29.7	31.1
海南	4 764.9	5 167.5	5 611.4	6 316.6	40.2	40.1	40.1	41.8
重庆	3 965.6	4 394.5	4 847.8	5 316.7	34.3	34.8	35.2	35.1
四川	3 737.6	4 016.1	4 311	4 662.1	33.4	32.8	32.3	31.8
贵州	3 211	3 635.7	4 276.2	4 774.1	39.7	41	44	44.4
云南	2 553.9	2 794.9	3 259.9	3 600.6	28.3	28.3	30.3	30.3
西藏	2 204.9	2 428.1	3 037.2	3 907	24.2	23.5	26.5	30.2
陕西	3 916	4 271.5	4 620.8	5 024.6	41.7	41.6	41.2	40.8
甘肃	2 125	2 275.4	2 534.7	2 769.2	28.5	28.2	28.8	28.8
青海	2 464.3	2 704.1	3 047.3	3 617.3	28.4	28.6	29.3	31.5
宁夏	3 906.1	4 224	4 547.8	4 962.7	39.6	39.3	38.8	38.6
新疆	2 527.1	2 796.5	2 945.2	3 409.2	24.8	25.3	24.6	26

资料来源：作者依据2017—2020年《中国农村统计年鉴》相关数据整理所得。

（二）全国各省市的农村居民经营性收入

全国各省市的农村居民经营性收入均呈上升趋势，其中吉林省、内蒙古自治区、山东省、浙江省、黑龙江省、福建省、辽宁省、湖北省、新疆维吾尔自治区、西藏自治区、江苏省、云南省、安徽省和海南省的农村居民经营性收入高于全国平均水平，农村居民经营性收入占可支配收入的比重均呈下降趋势。

2016—2019年，吉林省的农村居民经营性收入从7 558.9元增加至

8 264.2元（年均增幅3.02%），占可支配收入比重从62.4%下降至55.3%；内蒙古自治区的农村居民经营性收入从6 215.7元增加至8 067.1元（年均增幅9.08%），占可支配收入比重从53.5%下降至52.8%；山东省的农村居民经营性收入从6 266.6元增加至7 799.3元（年均增幅7.57%），占可支配收入比重从44.9%下降至43.9%；浙江省的农村居民经营性收入从5 621.9元增加至7 296.5元（年均增幅9.08%），占可支配收入比重从24.6%下降至24.4%；黑龙江省的农村居民经营性收入从6 425.9元增加至7 196.1元（年均增幅3.85%），占可支配收入比重从54.3%下降至48%；福建省的农村居民经营性收入从5 821.5元增加至7 178.6元（年均增幅7.23%），占可支配收入比重从38.8%下降至36.7%；辽宁省的农村居民经营性收入从5 635.5元增加至7 012.7元（年均增幅7.56%），占可支配收入比重从43.8%下降至43.5%；湖北省的农村居民经营性收入从5 534元增加至6 807.7元（年均增幅7.15%），占可支配收入比重从43.5%下降至41.5%；新疆维吾尔自治区的农村居民经营性收入从5 642元增加至6 762.4元（年均增幅6.22%），占可支配收入比重从55.4%下降至51.5%；西藏自治区的农村居民经营性收入从5 237.9元增加至6 364.5元（年均增幅6.71%），占可支配收入比重从57.6%下降至49.1%；江苏省的农村居民经营性收入从5 283.1元增加至6 291.5元（年均增幅6.00%），占可支配收入比重从30%下降至27.7%；云南省的农村居民经营性收入从5 043.7元增加至6 214.2元（年均增幅7.20%），占可支配收入比重从55.9%下降至52.2%；安徽省的农村居民经营性收入从4 596.1元增加至5 952.6元（年均增幅9.00%），占可支配收入比重从39.2%下降至38.6%；海南省的农村居民经营性收入从5 315.7元增加至5 865.4元（年均增幅3.33%），占可支配收入比重从44.9%下降至38.8%。见表4-3。

表4-3 全国各省份农村居民的经营性收入及占比变化

	经营性净收入变化（元/人）				占可支配收入比重变化（%）			
	2016年	2017年	2018年	2019年	2016年	2017年	2018年	2019年
全 国	4 741.3	5 027.8	5 358.4	5 762.2	38.3	37.4	36.7	36
北 京	2 061.9	2 140.4	2 021.7	2 262.2	9.2	8.8	7.6	7.8
天 津	5 309.4	5 561.9	5 334.6	4 984.6	26.4	25.6	23.1	20.1
河 北	3 970	4 227.9	4 611.5	5 099.1	33.3	32.8	32.9	33.2

续表

	经营性净收入变化（元/人）				占可支配收入比重变化（%）			
	2016年	2017年	2018年	2019年	2016年	2017年	2018年	2019年
山西	2 729.9	2 824	3 075.2	3 396	27.1	26.2	26.2	26.3
内蒙古	6 215.7	6 384.6	7 180.7	8 067.1	53.5	50.7	52	52.8
辽宁	5 635.5	5 819.1	6 263.8	7 012.7	43.8	42.3	42.7	43.5
吉林	7 558.9	7 399.8	7 756.2	8 264.3	62.4	57.1	56.4	55.3
黑龙江	6 425.9	6 692.8	7 053.3	7 196.1	54.3	52.8	51.1	48
上海	1 387.9	1 372.8	1 753.2	2 355.8	5.4	4.9	5.8	7.1
江苏	5 283.1	5 619.4	6 016.6	6 291.5	30	29.3	28.9	27.7
浙江	5 621.9	6 112.2	6 677	7 296.5	24.6	24.5	24.5	24.4
安徽	4 596.1	5 026.2	5 411.5	5 952.6	39.2	39.4	38.7	38.6
福建	5 821.5	6 275.8	6 705.6	7 178.6	38.8	38.4	37.6	36.7
江西	4 692.3	4 868.8	5 271.9	5 701.2	38.7	36.8	36.5	36.1
山东	6 266.6	6 729.7	7 193.6	7 799.3	44.9	44.5	44.1	43.9
河南	4 643.2	4 747.2	4 790.7	5 076.8	39	37.3	34.4	33.5
湖北	5 534	5 963.9	6 270.8	6 807.7	43.5	43.2	41.9	41.5
湖南	4 138.6	4 368.9	4 785.7	5 268.3	34.7	33.8	34	34.2
广东	3 883.6	4 118.6	4 432.7	4 446.9	26.8	26.1	25.8	23.6
广西	4 759.2	5 103.1	5 393.4	5 619.1	45.9	45.1	43.4	41.1
海南	5 315.7	5 576.3	5 806.1	5 865.4	44.9	43.2	41.5	38.8
重庆	4 150.1	4 491.4	4 812.9	5 209.5	35.9	35.5	34.9	34.4
四川	4 525.2	4 821.4	5 117.2	5 641.1	40.4	39.4	38.4	38.5
贵州	3 115.8	3 285.2	3 226.7	3 427.5	38.5	37	33.2	31.9
云南	5 043.7	5 412.5	5 599	6 214.2	55.9	54.9	52	52.2
西藏	5 237.9	5 735.4	5 888.9	6 364.5	57.6	55.5	51.4	49.1
陕西	3 057.9	3 241.5	3 508	3 791.5	32.5	31.6	31.3	30.8

续表

	经营性净收入变化（元/人）				占可支配收入比重变化（%）			
	2016年	2017年	2018年	2019年	2016年	2017年	2018年	2019年
甘肃	3 261.4	3 556.2	3 823.7	4 322	43.7	44	43.4	44.9
青海	3 197	3 763.6	3 904.6	4 296.7	36.9	39.8	37.6	37.4
宁夏	3 937.5	4 252	4 638.5	4 976.1	40	39.6	39.6	38.7
新疆	5 642	6 037	6 623.9	6 762.4	55.4	54.7	55.3	51.5

资料来源：作者依据 2017—2020 年《中国农村统计年鉴》相关数据整理所得。

（三）全国各省份的农村居民财产性收入

全国各省份农村居民财产性收入均呈上升趋势，其中，北京市、上海市、天津市、浙江省、江苏省、黑龙江省、广东省、内蒙古自治区、四川省、山东省、西藏自治区、青海省和宁夏回族自治区的农村居民财产性收入高于全国平均水平，除天津市、内蒙古自治区和青海省以外，其他省份的农村居民财产性收入占可支配收入的比重均呈上升趋势。2016—2019 年，北京市的农村居民财产性收入从 1 350.1 元增加至 2 127.4 元（年均增幅 16.37%），占可支配收入比重从 6.1% 上升至 7.4%；上海市的农村居民财产性收入从 859.6 元增加至 1 295.4 元（年均增幅 14.65%），占可支配收入比重从 3.4% 上升至 3.9%；天津市的农村居民财产性收入从 893.7 元增加至 1 033.8 元（年均增幅 4.97%），占可支配收入比重从 4.5% 下降至 4.2%；浙江省的农村居民财产性收入从 661.8 元增加至 851.8 元（年均增幅 8.78%），占可支配收入比重维持在 2.9%；江苏省的农村居民财产性收入从 606 元增加至 825 元（年均增幅 10.83%），占可支配收入比重从 3.4% 上升至 3.6%；黑龙江省的农村居民财产性收入从 572.7 元增加至 758.7 元（年均增幅 9.83%），占可支配收入比重从 4.8% 上升至 5.1%；广东省的农村居民财产性收入从 365.8 元增加至 541 元（年均增幅 13.93%），占可支配收入比重从 2.5% 上升至 2.9%；内蒙古自治区的农村居民财产性收入从 452.6 元增加至 522.9 元（年均增幅 4.93%），占可支配收入比重从 3.9% 下降至 3.4%；四川省的农村居民财产性收入从 268.5 元增加至 456.5 元（年均增幅 19.35%），占可支配收入比重从 2.4% 上升至 3.1%；山东省的农村居民财产性收入从 358.7 元增加至 456.4 元（年均增幅 8.36%），占可支配收入比重维持在 2.6%；西藏自治区的农村居民财产性收入从 148.7 元增加至 436.5 元（年均增幅 43.18%），占可支配收入比重从1.6%上升至3.4%;青海省的农村居民财产性收入从325.2元增加至409.9元(年均增幅8.02%),占可支配收入比重从3.8%下降至3.6%;宁夏回族自治区的农村居民财产性收入从291.8元增加至388.1元(年均增幅9.97%),占可支配收入比重维持在3%。见表4-4。

表4-4 全国各省份农村居民的财产性收入及占比变化

	财产性收入变化(元/人)				占可支配收入比重变化(%)			
	2016年	2017年	2018年	2019年	2016年	2017年	2018年	2019年
全国	272.1	303	342.1	377.3	2.2	2.3	2.3	2.4
北京	1 350.1	1 570.5	1 876.8	2 127.4	6.1	6.5	7.1	7.4
天津	893.7	1 007.6	921.6	1 033.8	4.5	4.6	4	4.2
河北	257.5	274.2	298.7	323	2.2	2.1	2.1	2.1
山西	149	163.9	192.9	210.3	1.5	1.5	1.6	1.6
内蒙古	452.6	514.8	520.4	522.9	3.9	4.1	3.8	3.4
辽宁	257.6	296.9	334.5	284.5	2	2.3	2.3	1.8
吉林	231.8	289.1	256.5	307.3	1.9	2.2	1.9	2.1
黑龙江	572.7	553	679	758.7	4.4	4.4	4.9	5.1
上海	859.6	862.4	1 003.2	1 295.4	3.4	3.1	3.3	3.9
江苏	606	680.3	767.5	825	3.4	3.6	3.7	3.6
浙江	661.8	717.8	784.1	851.8	2.9	2.9	2.9	2.9
安徽	186.7	218.9	256	283	1.6	1.7	1.8	1.8
福建	255.7	290	322.5	344.6	1.7	1.8	1.8	1.8
江西	204.4	214.2	235.5	257.4	1.7	1.6	1.6	1.6
山东	358.7	390.8	429	456.4	2.6	2.6	2.6	2.6
河南	168	199.5	221.4	231.3	1.4	1.6	1.6	1.5
湖北	158.6	165.8	185.9	210.7	1.2	1.2	1.2	1.3
湖南	143.1	148.2	179.3	208.8	1.2	1.1	1.3	1.4
广东	365.8	414.8	448.9	541	2.5	2.6	2.6	2.9

续表

	财产性收入变化（元/人）				占可支配收入比重变化（%）			
	2016年	2017年	2018年	2019年	2016年	2017年	2018年	2019年
广西	149.2	185.1	241.4	340.3	1.4	1.6	1.9	2.5
海南	139.1	185.9	253.7	282.8	1.2	1.4	1.8	1.9
重庆	295.8	308	334.8	367.4	2.6	2.4	2.4	2.4
四川	268.5	322.5	379.5	456.5	2.4	2.6	2.8	3.1
贵州	67.1	92	126.2	121	0.8	1	1.3	1.1
云南	152.2	176.5	187.2	188.5	1.7	1.8	1.7	1.6
西藏	148.7	175	427.2	436.5	1.6	1.7	3.7	3.4
陕西	159	185.1	196.6	214.7	1.7	1.8	1.8	1.7
甘肃	128.4	142.3	211.5	129.5	1.7	1.8	2.4	1.3
青海	325.2	326.4	463.1	409.9	3.8	3.5	4.5	3.6
宁夏	291.8	323.8	362.8	388.1	3	3	3.1	3
新疆	222.8	232.9	235.1	259.8	2.2	2.1	2	2

资料来源：作者依据2017—2020年《中国农村统计年鉴》相关数据整理所得。

（四）全国各省份的农村居民转移净收入

全国各省份的农村居民转移净收入均呈上升趋势，其中，上海市、江苏省、重庆市、广东省、天津市、湖北省、河南省、四川省、安徽省、黑龙江省、湖南省、内蒙古自治区和广西壮族自治区的农村居民转移净收入高于全国平均水平，农村居民转移净收入占可支配收入的比重均呈上升趋势。2016—2019年，上海市的农村居民转移净收入从4 325元增加至9 524.2元（年均增幅30.10%），占可支配收入比重从16.9%上升至28.7%；江苏省的农村居民转移净收入从2 984.8元增加至4 482.2元（年均增幅14.51%），占可支配收入比重从17%上升至19.8%；重庆市的农村居民转移净收入从3 137.3元增加至4 239.6元（年均增幅10.56%），占可支配收入比重从27.2%上升至28%；广东省的农村居民转移净收入从3 007.5元增加至4 131.7元（年均增幅11.17%），占可支配收入比重从20.7%上升至22%；天津市的农村居民转移净收入从1 824.4元增加至4 035.3元（年均增幅

30.29%），占可支配收入比重从9.1%上升至16.3%；湖北省的农村居民转移净收入从3 009.3元增加至4 019.6元（年均增幅10.13%），占可支配收入比重从23.6%上升至24.5%；河南省的农村居民转移净收入从2 657.6元增加至3 989元（年均增幅14.50%），占可支配收入比重从22.7%上升至26.3%；四川省的农村居民转移净收入从2 671.8元增加至3 910.5元（年均增幅13.54%），占可支配收入比重从23.8%上升至26.7%；安徽省的农村居民转移净收入从2 646.2元增加至3 717.9元（年均增幅12.00%），占可支配收入比重从22.6%上升至24.1%；黑龙江省的农村居民转移净收入从2 402.6元增加至3 697.6元（年均增幅15.46%），占可支配收入比重从20.3%上升至24.7%；湖南省的农村居民转移净收入从2 702.5元增加至3 693.6元（年均增幅10.98%），占可支配收入比重从22.7%上升至24%；内蒙古自治区的农村居民转移净收入从2 491.7元增加至3 519.1元（年均增幅12.20%），占可支配收入比重从21.5%上升至23%；广西壮族自治区的农村居民转移净收入从2 603元增加至3 457.8元（年均增幅9.93%），占可支配收入比重从25.1%上升至25.3%。见表4-5。

表4-5 全国各省份农村居民的转移净收入及占比变化

	转移净收入变化（元/人）				占可支配收入比重变化（%）			
	2016年	2017年	2018年	2019年	2016年	2017年	2018年	2019年
全国	2 328.2	2 603.2	2 920.5	3 297.8	18.8	19.4	20	20.6
北京	2 260	2 306.8	2 765	3 162.8	10.1	9.5	10.4	10.9
天津	1 824.4	2 045.4	3 241	4 035.3	9.1	9.4	14.1	16.3
河北	1 428.6	1 537.9	1 666.5	1 831	12	11.9	11.9	11.9
山西	1 999.1	2 337.2	2 746.1	3 197.9	19.8	21.7	23.4	24.8
内蒙古	2 491.7	3 035.6	3 204.8	3 519.1	21.5	24.1	23.2	23
辽宁	1 916.4	2 207.7	2 413.2	2 587.5	14.9	16.1	16.5	16.1
吉林	1 969.1	2 243.2	2 213.2	2 431.4	16.2	17.3	16.1	16.3
黑龙江	2 402.6	2 578.6	3 062.2	3 697.6	20.3	20.4	22.2	24.7
上海	4 325	5 300.7	8 114.8	9 524.2	16.9	19.1	26.7	28.7
江苏	2 984.8	3 345.3	3 839.3	4 482.2	17	17.5	18.4	19.8

续表

	转移净收入变化（元/人）				占可支配收入比重变化（%）			
	2016年	2017年	2018年	2019年	2016年	2017年	2018年	2019年
浙江	2 378.1	2 668.6	2 942.9	3 248	10.4	10.7	10.8	10.9
安徽	2 646.2	2 889.1	3 270.5	3 717.9	22.6	22.6	23.4	24.1
福建	2 136.9	2 353	2 578.4	3 095.8	14.2	14.4	14.5	15.8
江西	2 286.4	2 549.6	2 831.6	3 138.5	18.8	19.3	19.6	19.9
山东	1 759.7	1 928.2	2 124.4	2 354.5	12.6	12.8	13	13.2
河南	2 657.6	3 002.1	3 483	3 989	22.7	23.6	25.2	26.3
湖北	3 009.3	3 292.8	3 634.2	4 019.6	23.6	23.8	24.3	24.5
湖南	2 702.5	3 077.9	3 358.2	3 693.6	22.7	23.8	23.8	24
广东	3 007.5	3 391.7	3 775.5	4 131.7	20.7	21.5	22	22
广西	2 603	2 794.9	3 108.6	3 457.8	25.1	24.7	25	25.3
海南	1 623.1	1 972	2 317.8	2 648.4	13.7	15.3	16.6	17.5
重庆	3 137.3	3 444	3 785.8	4 239.6	27.2	27.3	27.5	28
四川	2 671.8	3 066.9	3 523.7	3 910.5	23.8	25.1	26.4	26.7
贵州	1 696.3	1 856.2	2 086.9	2 433.7	21	20.9	21.5	22.6
云南	1 270.1	1 478.2	1 721.8	1 899	14.1	15	16	16
西藏	1 502.3	1 991.6	2 096.6	2 243.1	16.5	19.3	18.3	17.3
陕西	2 263.6	2 566.3	2 887.5	3 295.1	24.1	25	25.8	26.7
甘肃	1 942	2 102.2	2 234.1	2 408.3	26	26	25.4	25
青海	2 677.8	2 668.2	2 978.4	3 175.5	30.9	28.2	28.7	27.6
宁夏	1 716.3	1 938	2 158.5	2 531.6	17.4	18	18.4	19.7
新疆	1 791.3	1 979	2 170.3	2 690.3	17.6	17.9	18.1	20.5

资料来源：作者依据2017—2020年《中国农村统计年鉴》相关数据整理所得。

第二节 农村居民的消费支出变化趋势及构成

生活富裕的标准不是看农村居民储蓄率的高低，高储蓄而不消费，或者高储蓄仅用于固定资产投资，并不是生活富裕的表现，要让农村居民敢于消费、乐于消费，从衣食住行全方位改善生活质量。

一、农村居民消费支出变化

2016—2019 年，全国农村居民消费支出呈持续上升态势，从 10 129.8 元上升至 13 327.7 元，年均增幅为 9.58%。上海市、北京市、浙江省、天津市、江苏省、广东省、福建省、湖北省、安徽省、四川省、湖南省和内蒙古自治区的农村居民消费支出超过全国平均水平。

2016—2019 年，上海市的农村居民消费支出从 17 070.8 元增加至 22 448.9 元（年均增幅 9.56%）；北京市的农村居民消费支出从 17 329 元增加至 21 881 元（年均增幅 8.08%）；浙江省的农村居民消费支出从 17 358.9 元增加至 21 351.7 元（年均增幅 7.14%）；天津市的农村居民消费支出从 15 912.1 元增加至 17 843.3 元（年均增幅 3.89%）；江苏省的农村居民消费支出从 14 428.2 元增加至 17 715.9 元（年均增幅 7.08%）；广东省的农村居民消费支出从 12 414.8 元增加至 16 949.4 元（年均增幅 10.94%）；福建省的农村居民消费支出从 12 910.8 元增加至 16 281.4 元（年均增幅 8.04%）；湖北省的农村居民消费支出从 10 938.3 元增加至 15 328 元（年均增幅 11.90%）；安徽省的农村居民消费支出从 10 287.3 元增加至 14 545.8 元（年均增幅 12.24%）；四川省的农村居民消费支出从 10 191.6 元增加至 14 055.6 元（年均增幅 11.31%）；湖南省的农村居民消费支出从 10 629.9 元增加至 13 968.8 元（年均增幅 9.53%）；内蒙古自治区的农村居民消费支出从 11 462.6 元增加至 13 816 元（年均增幅 6.42%）。见表 4-6。

表 4-6 全国各省份农村居民的消费支出变化 （元）

	2016 年	2017 年	2018 年	2019 年	年均增幅（%）
全 国	10 129.8	10 954.5	12 124.3	13 327.7	9.58
北 京	17 329	18 810.5	20 195.3	21 881	8.08
天 津	15 912.1	16 385.9	16 863.3	17 843.3	3.89

续表

	2016 年	2017 年	2018 年	2019 年	年均增幅（%）
河北	9 798.3	10 535.9	11 382.8	12 372	8.08
山西	8 028.8	8 424	9 172.2	9 728.4	6.61
内蒙古	11 462.6	12 184.4	12 661.5	13 816	6.42
辽宁	9 953.1	10 787.3	11 455	12 030.2	6.52
吉林	9 521.4	10 279.4	10 826.2	11 456.6	6.36
黑龙江	9 423.8	10 523.9	11 416.8	12 494.9	9.86
上海	17 070.8	18 089.8	19 964.7	22 448.9	9.56
江苏	14 428.2	15 611.5	16 567	17 715.9	7.08
浙江	17 358.9	18 093.4	19 706.8	21 351.7	7.14
安徽	10 287.3	11 106.1	12 748.1	14 545.8	12.24
福建	12 910.8	14 003.4	14 942.8	16 281.4	8.04
江西	9 128.3	9 870.4	10 885.2	12 496.7	11.04
山东	9 518.9	10 342.1	11 270.1	12 308.9	8.95
河南	8 586.6	9 211.5	10 392	11 546	10.37
湖北	10 938.3	11 632.5	13 946.3	15 328	11.90
湖南	10 629.9	11 533.6	12 720.5	13 968.8	9.53
广东	12 414.8	13 199.6	15 411.3	16 949.4	10.94
广西	8 351.2	9 436.6	10 617	12 045	12.98
海南	8 921.2	9 599.4	10 955.8	12 417.5	11.65
重庆	9 954.4	10 936.1	11 976.8	13 112.1	9.62
四川	10 191.6	11 396.7	12 723.2	14 055.6	11.31
贵州	7 533.3	8 299	9 170.2	10 221.7	10.71
云南	7 330.5	8 027.3	9 122.9	10 260.2	11.86
西藏	6 070.3	6 691.5	7 452.1	8 417.9	11.51
陕西	8 567.7	9 305.6	10 070.8	10 934.7	8.47

续表

	2016年	2017年	2018年	2019年	年均增幅（%）
甘肃	7 487	8 029.7	9 064.6	9 694	8.99
青海	9 222.2	9 902.7	10 352.4	11 343.1	7.14
宁夏	9 138.4	9 982.1	10 789.6	11 464.6	7.85
新疆	8 277	8 712.6	9 421.3	10 318.4	7.62

资料来源：作者依据2017—2020年《中国农村统计年鉴》相关数据整理所得。

二、农村居民消费支出占可支配收入比重变化

2016—2019年，全国农村居民消费支出占可支配收入比重从81.93%上升至83.19%，提升了1.26个百分点，整体消费活力有所提升。甘肃省、青海省、四川省、贵州省、安徽省、湖北省、湖南省、内蒙古自治区、广东省、宁夏回族自治区、陕西省、广西壮族自治区、重庆市、云南省、黑龙江省的农村居民消费支出占可支配收入比重高于全国平均水平。

2016—2019年，甘肃省的农村居民消费支出占可支配收入比重从100.40%增加至100.68%（增长0.28个百分点）；青海省的农村居民消费支出占可支配收入比重从106.44%下降至98.64%（下降7.80个百分点）；四川省的农村居民消费支出占可支配收入比重从90.97%上升至95.81%（增长4.84个百分点）；贵州省的农村居民消费支出占可支配收入比重从93.12%上升至95.03%（增长1.91个百分点）；安徽省的农村居民消费支出占可支配收入比重从87.77%上升至94.36%（增长6.59个百分点）；湖北省的农村居民消费支出占可支配收入比重从85.96%上升至93.52%（增7.56个百分点）；湖南省的农村居民消费支出占可支配收入比重从89.10%上升至90.74%（增长1.64个百分点）。这些省份大多属于中西部地区，反映出当前中西部地区农村居民的储蓄率并不高。见表4-7。

表4-7 全国各省份农村居民消费支出占可支配收入比重变化 （%）

	2016年	2017年	2018年	2019年	增幅
全国	81.93	81.55	82.95	83.19	1.26
北京	77.68	77.60	76.24	75.64	-2.04
天津	79.26	75.32	73.11	71.94	-7.32

续表

	2016 年	2017 年	2018 年	2019 年	增幅
河北	82.20	81.79	81.13	80.48	-1.73
山西	79.63	78.09	78.06	75.40	-4.23
内蒙古	98.74	96.82	91.73	90.40	-8.34
辽宁	77.27	78.47	78.16	74.68	-2.59
吉林	78.54	79.38	78.75	76.70	-1.84
黑龙江	79.65	83.10	82.71	83.40	3.75
上海	66.89	65.01	65.73	67.63	0.74
江苏	81.95	81.49	79.48	78.13	-3.82
浙江	75.92	72.50	72.18	71.47	-4.45
安徽	87.77	87.05	91.08	94.36	6.59
福建	86.08	85.73	83.85	83.20	-2.87
江西	75.21	74.54	75.28	79.11	3.91
山东	68.22	68.41	69.15	69.25	1.03
河南	73.41	72.42	75.14	76.14	2.73
湖北	85.96	84.22	93.11	93.52	7.56
湖南	89.10	89.16	90.26	90.74	1.64
广东	85.55	83.65	89.77	90.07	4.52
广西	80.61	83.32	85.38	88.08	7.46
海南	75.33	74.40	78.32	82.16	6.83
重庆	86.19	86.53	86.91	86.64	0.45
四川	90.97	93.21	95.44	95.81	4.84
贵州	93.12	93.57	94.38	95.03	1.91
云南	81.27	81.39	84.72	86.20	4.93
西藏	66.75	64.78	65.08	65.00	-1.75
陕西	91.18	90.66	89.82	88.71	-2.47

续表

	2016年	2017年	2018年	2019年	增幅
甘 肃	100.40	99.43	102.96	100.68	0.27
青 海	106.44	104.65	99.61	98.64	-7.80
宁 夏	92.76	92.96	92.16	89.16	-3.60
新 疆	81.28	78.88	78.68	78.64	-2.64

资料来源：作者依据2017—2020年《中国农村统计年鉴》相关数据整理所得。

三、农村居民消费支出的构成

农村居民消费支出的构成有：食品烟酒支出、衣着支出、居住支出、生活用品及服务支出、交通通信支出、文化教育支出和医疗健康保障支出。从各项细分支出占农村居民消费支出的比重看，2016—2019年，全国农村居民的食品烟酒支出占消费支出比重从32.2%下降至30%（下降2.2个百分点），全国农村居民的衣着支出占消费支出比重从5.7%下降至5.4%（下降0.3个百分点），全国农村居民的居住支出占消费支出比重从21.2%上升至21.5%（提升0.3个百分点），全国农村居民的生活用品及服务支出占消费支出比重从5.9%下降至5.7%（下降0.2个百分点），全国农村居民的交通通信支出占消费支出比重从13.4%上升至13.8%（提升0.4个百分点），全国农村居民的文化教育支出占消费支出比重从10.6%上升至11.1%（提升0.5个百分点），全国农村居民的医疗健康保障支出占消费支出比重从9.2%上升至10.7%（提升1.5个百分点）。食品烟酒支出和居住支出在农村消费支出中占比较大；从占比变化看，农村居民的居住支出和交通通信支出在消费支出中的占比提升显著，从一个侧面反映了乡村人口的活动半径增大，到城镇务工产生的居住费用和交通通信费用明显增多。见表4-8至表4-14。

（一）全国各省份的农村居民食品烟酒支出变化

除西藏自治区外，全国各省份的农村居民食品烟酒支出均呈上升趋势，上海市、浙江省、广东省、福建省、北京市、天津市、海南省、四川省、安徽省、江苏省、重庆市、湖北省和湖南省的农村居民食品烟酒支出高于全国平均水平，除上海市外，其他省份的农村居民食品烟酒支出占消费支出的比重均呈下降趋势。

从排名前五位的省份看，2016—2019年，上海市的农村居民食品烟酒支出从 5 731.9 元增加至 8 174.6 元（年均增幅 12.56%），占消费支出比重从 33.6%上升至 36.4%；浙江省的农村居民食品烟酒支出从 5 520.2 元增加至 6 528.6 元（年均增幅 5.75%），占消费支出比重从 31.8%下降至 30.6%；广东省的农村居民食品烟酒支出从 5 010.5 元增加至 6 289.3 元（年均增幅 7.87%），占消费支出比重从 40.4%下降至 37.1%；福建省的农村居民食品烟酒支出从 4 818.3 元增加至 5 784 元（年均增幅 6.28%），占消费支出比重从 37.3%下降至 35.5%；北京市的农村居民食品烟酒支出从 4 667.1 元增加至 5 541.6 元（年均增幅 5.89%），占消费支出比重从 26.9%下降至 25.3%。

从排名后的五个省份看，山西省的农村居民食品烟酒支出从 2 272.4 元增加至 2 751.4 元（年均增幅 6.58%），占消费支出比重维持在 28.3%；贵州省的农村居民食品烟酒支出从 2 316.5 元增加至 2 767.2 元（年均增幅 6.11%），占消费支出比重从 30.8%下降至 27.1%；甘肃省的农村居民食品烟酒支出从 2 342.6 元增加至 2 827 元（年均增幅 6.47%），占消费支出比重从 31.3%下降至 29.2%；陕西省的农村居民食品烟酒支出从 2 307 元增加至 2 832.1 元（年均增幅 7.07%），占消费支出比重从 26.9%下降至 25.9%；新疆维吾尔自治区的农村居民食品烟酒支出从 2 624.2 元增加至 2 988.8 元（年均增幅 4.43%），占消费支出比重从 31.7%下降至 29%。见表 4-8。

表 4-8　全国各省份农村居民的食品烟酒支出及占比变化

	食品烟酒支出变化（元/人）				占消费支出比重变化（%）			
	2016 年	2017 年	2018 年	2019 年	2016 年	2017 年	2018 年	2019 年
全 国	3 266.1	3 415.4	3 645.6	3 998.2	32.2	31.2	30.1	30
北 京	4 667.1	4 653.2	4 802.4	5 541.6	26.9	24.7	23.8	25.3
天 津	4 980.9	4 851.5	4 983.7	5 499.3	31.3	29.6	29.6	30.8
河 北	2 745.4	2 817.2	3 002.7	3 298	28	26.7	26.4	26.7
山 西	2 272.4	2 308.3	2 539.8	2 751.4	28.3	27.4	27.7	28.3
内蒙古	3 362.9	3 384.7	3 476.2	3 768.5	29.3	27.8	27.5	27.3
辽 宁	2 678.6	2 883.4	3 063	3 194.1	26.9	26.7	26.7	26.6
吉 林	2 721.9	2 903.2	3 010.2	3 224.5	28.6	28.2	27.8	28.1
黑龙江	2 609.1	2 788.3	3 114.7	3 349.7	27.7	26.5	27.3	26.8
上 海	5 731.9	6 114.1	7 429.8	8 174.6	33.6	33.8	37.2	36.4

续表

	食品烟酒支出变化（元/人）				占消费支出比重变化（%）			
	2016年	2017年	2018年	2019年	2016年	2017年	2018年	2019年
江 苏	4 254.7	4 510.7	4 337.7	4 647.4	29.5	28.9	26.2	26.2
浙 江	5 520.2	5 608.2	5 965.6	6 528.6	31.8	31	30.3	30.6
安 徽	3 523	3 726	4 208.3	4 755.8	34.2	33.5	33	32.7
福 建	4 818.3	5 162.2	5 339.8	5 784	37.3	36.9	35.7	35.5
江 西	3 221.7	3 314.4	3 403	3 801.2	35.3	33.6	31.3	30.4
山 东	2 832.8	2 960.4	3 162	3 423.1	29.8	28.6	28.1	27.8
河 南	2 447.3	2 495.9	2 778.3	3 030.2	28.5	27.1	26.7	26.2
湖 北	3 295.3	3 332.4	3 928.2	4 163.7	30.1	28.6	28.2	27.2
湖 南	3 370.7	3 521.2	3 713.9	4 024.9	31.7	30.5	29.2	28.8
广 东	5 010.5	5 303.9	5 641.2	6 289.3	40.4	40.2	36.6	37.1
广 西	2 880.4	3 042.8	3 194.8	3 723.6	34.5	32.2	30.1	30.9
海 南	3 854.3	4 021.3	4 580.7	5 179.7	43.2	41.9	41.8	41.7
重 庆	3 850.7	3 993.1	4 180	4 574.6	38.7	36.5	34.9	34.9
四 川	3 886.6	4 235.2	4 551.7	4 878.6	38.1	37.2	35.8	34.7
贵 州	2 316.5	2 505.2	2 593.3	2 767.2	30.8	30.2	28.3	27.1
云 南	2 586	2 612.8	2 688.9	3 264.8	35.3	32.5	29.5	31.8
西 藏	3 183.3	3 283.9	2 688.7	3 004.1	52.4	49.1	36.1	35.7
陕 西	2 307	2 417.3	2 576.9	2 832.1	26.9	26	25.6	25.9
甘 肃	2 342.6	2 438.2	2 694.5	2 827	31.3	30.4	29.7	29.2
青 海	2 715.4	2 944.7	3 053.3	3 372.6	29.4	29.7	29.5	29.7
宁 夏	2 419.1	2 522.2	2 949.9	3 144.6	26.5	25.3	27.3	27.4
新 疆	2 624.2	2 667.3	2 824	2 988.8	31.7	30.6	30	29

资料来源：作者依据2017—2020年《中国农村统计年鉴》相关数据整理所得。

(二) 全国各省份的农村居民衣着支出变化

除天津市和内蒙古自治区以外，全国各省份的农村居民衣着支出均呈上升趋势。上海市、北京市、浙江省、西藏自治区、天津市、江苏省、安徽省、黑龙江省、湖北省、河南省、新疆维吾尔自治区、河北省、青海省、福建省、四川省、宁夏回族自治区和内蒙古自治区的农村居民衣着支出高于全国平均水平，大部分省份的农村居民衣着支出占消费支出比重呈下降趋势。

从排名前五位的省份看，2016—2019 年，上海市的农村居民衣着支出从 877.1 元增加至 1 292.2 元（年均增幅 13.79%），占消费支出比重从 5.1% 上升至 5.8%；北京市的农村居民衣着支出从 1 095 元增加至 1 200.2 元（年均增幅 3.11%），占消费支出比重从 6.3% 下降至 5.5%；浙江省的农村居民衣着支出从 952.8 元增加至 1 133.9 元（年均增幅 5.97%），占消费支出比重从 5.5% 下降至 5.3%；西藏自治区的农村居民衣着支出从 642.6 元增加至 1 090.3 元（年均增幅 19.27%），占消费支出比重从 10.6% 上升至 13%；天津市的农村居民衣着支出从 1 088.4 元下降至 1 074.4 元（年均降幅 0.43%），占消费支出比重从 6.8% 下降至 6%。

从排名后五位的省份看，海南省的农村居民衣着支出从 299.4 元增加至 361.8 元（年均增幅 6.51%），占消费支出比重从 3.4% 下降至 2.9%；广西壮族自治区的农村居民衣着支出从 252 元增加至 372.8 元（年均增幅 13.94%），占消费支出比重从 3% 上升至 3.1%；云南省的农村居民衣着支出从 302.6 元增加至 396.2 元（年均增幅 9.4%），占消费支出比重从 4.1% 下降至 3.9%；甘肃省的农村居民衣着支出从 482.5 元增加至 551.9 元（年均增幅 4.58%），占消费支出比重从 6.4% 下降至 5.7%；广东省的农村居民衣着支出从 412 元增加至 552 元（年均增幅 10.24%），占消费支出比重维持在 3.3%。见表 4-9。

表 4-9　全国各省份农村居民的衣着支出及占比变化

	衣着支出变化（元/人）				占消费支出比重变化（%）			
	2016 年	2017 年	2018 年	2019 年	2016 年	2017 年	2018 年	2019 年
全 国	575.4	611.6	647.7	713.3	5.7	5.6	5.3	5.4
北 京	1 095	1 024.6	1 088.3	1 200.2	6.3	5.4	5.4	5.5
天 津	1 088.4	1 128.2	991.5	1 074.4	6.8	6.9	5.9	6
河 北	650.2	684.4	722.5	793	6.6	6.5	6.3	6.4

续表

	衣着支出变化（元/人）				占消费支出比重变化（%）			
	2016年	2017年	2018年	2019年	2016年	2017年	2018年	2019年
山　西	565.3	577.5	626.4	697.4	7	6.9	6.8	7.2
内蒙古	814	842.3	717.1	731.1	7.1	6.9	5.7	5.3
辽　宁	636.7	694.7	656.2	710	6.4	6.4	5.7	5.9
吉　林	606.2	682.5	628.4	694.5	6.4	6.6	5.8	6.1
黑龙江	647.5	776.6	695.1	834.2	6.9	7.4	6.1	6.7
上　海	877.1	925.3	1 135.9	1 292.2	5.1	5.1	5.7	5.8
江　苏	815.7	892	811.9	880.9	5.7	5.7	4.9	5
浙　江	952.8	955.8	1 017.6	1 133.9	5.5	5.3	5.2	5.3
安　徽	538.8	565.6	635	842.9	5.2	5.1	5	5.8
福　建	567.5	630.8	677.1	774.5	4.4	4.5	4.5	4.8
江　西	453.7	502	526.1	577.7	5	5.1	4.8	4.6
山　东	576.4	585.2	622.4	671.4	6.1	5.7	5.5	5.5
河　南	677.4	712.4	736.1	819.2	7.9	7.7	7.1	7.1
湖　北	568.7	626.4	783.1	825.7	5.2	5.4	5.6	5.4
湖　南	508.3	527.2	624.1	674.9	4.8	4.6	4.9	4.8
广　东	412	459.5	523.6	552	3.3	3.5	3.4	3.3
广　西	252	286.7	326.7	372.8	3	3	3.1	3.1
海　南	299.4	321.9	314.7	361.8	3.4	3.4	2.9	2.9
重　庆	591.1	598.2	631	691.6	5.9	5.5	5.3	5.3
四　川	640.6	682.9	716.4	760.4	6.3	6	5.6	5.4
贵　州	378.2	416.1	502.1	552.8	5	5	5.5	5.4
云　南	302.6	320.6	370	396.2	4.1	4	4.1	3.9
西　藏	642.6	735.7	973	1 090.3	10.6	11	13.1	13
陕　西	510.9	530.6	525.5	592.1	6	5.7	5.2	5.4

续表

	衣着支出变化（元/人）				占消费支出比重变化（%）			
	2016年	2017年	2018年	2019年	2016年	2017年	2018年	2019年
甘肃	482.5	507.9	557.9	551.9	6.4	6.3	6.2	5.7
青海	635.6	670	721	783.4	6.9	6.8	7	6.9
宁夏	672.9	718.6	752.2	745	7.4	7.2	7	6.5
新疆	710.3	710.3	798.7	813.6	8.6	8.2	8.5	7.9

资料来源：作者依据2017—2020年《中国农村统计年鉴》相关数据整理所得。

（三）全国各省份的农村居民居住支出变化

全国各省份的农村居民居住支出均呈上升趋势。北京市、浙江省、上海市、江苏省、福建省、广东省、江西省、天津市、安徽省、湖北省和湖南省的农村居民居住支出高于全国平均水平，大部分省份的居住支出占消费支出比重呈上升趋势。

从排名前五位的省份看，2016—2019年，北京市的农村居民居住支出从5 198.8元增加至6 298.2元（年均增幅6.6%），占消费支出比重从30%下降至28.8%；浙江省的农村居民居住支出从3 881.8元增加至5 338.5元（年均增幅11.21%），占消费支出比重从22.4%上升至25%；上海市的农村居民居住支出从4 170.7元增加至4 566.8元（年均增幅3.07%），占消费支出比重从24.4%下降至20.3%；江苏省的农村居民居住支出从3 257.7元增加至4 261.3元（年均增幅9.36%），占消费支出比重从22.6%上升至24.1%；福建省的农村居民居住支出从3 203.9元增加至3 798.9元（年均增幅5.84%），占消费支出比重从24.8%下降至23.3%。经济发达的直辖市农村居民的外出居住需求并不强烈，因此尽管单位住房成本较高，但居住支出占农村居民消费支出的比重却在下降。

从排名后五位的省份看，西藏自治区的农村居民居住支出从851.5元增加至1 257.9元（年均增幅13.89%），占消费支出比重从14%上升至14.9%；吉林省的农村居民居住支出从1 817.1元增加至1 833.7元（年均增幅0.30%），占消费支出比重从19.1%下降至16%；甘肃省的农村居民居住支出从1 341.1元增加至1 866.9元（年均增幅11.66%），占消费支出比重从17.9%上升至19.3%；黑龙江省的农村居民居住支出从1 618.4元增加至1 921.6元（年均增幅5.89%），占消费支出比重从17.2%下降至15.4%；青海省的农村居民居住支出从 1 486.6 元增加至 1 965.1 元（年均增幅 9.75%），占消费支出比重从 16.1%上升至 17.3%。见表 4-10。

表 4-10　全国各省份农村居民的居住支出及占比变化

	居住支出变化（元/人）				占消费支出比重变化（%）			
	2016 年	2017 年	2018 年	2019 年	2016 年	2017 年	2018 年	2019 年
全国	2 147.1	2 353.5	2 660.6	2 871.3	21.2	21.5	21.9	21.5
北京	5 198.8	5 587.8	5 950.9	6 298.2	30	29.7	29.5	28.8
天津	3 198.3	3 354.4	3 415.4	3 366.6	20.1	20.5	20.3	18.9
河北	2 206.9	2 380.8	2 542.3	2 689	22.5	22.6	22.3	21.7
山西	1 798.3	1 901.9	2 075.7	2 171.5	22.4	22.6	22.6	22.3
内蒙古	1 995.9	2 194.3	2 337.8	2 598.4	17.4	18	18.5	18.8
辽宁	1 906.5	2 200.9	2 246.3	2 385.5	19.2	20.4	19.6	19.8
吉林	1 817.1	1 837.3	1 917.2	1 833.7	19.1	17.9	17.7	16
黑龙江	1 618.4	1 722.7	1 916.5	1 921.6	17.2	16.4	16.8	15.4
上海	4 170.7	4 722.9	3 953.8	4 566.8	24.4	26.1	19.8	20.3
江苏	3 257.7	3 395.2	4 130.2	4 261.3	22.6	21.7	24.9	24.1
浙江	3 881.8	4 358.4	4 992.7	5 338.5	22.4	24.1	25.3	25
安徽	2 248.3	2 618.2	3 013.3	3 311.5	21.9	23.6	23.6	22.8
福建	3 203.9	3 547.9	3 649.1	3 798.9	24.8	25.3	24.4	23.3
江西	2 319.5	2 558.2	3 038.5	3 410	25.4	25.9	27.9	27.3
山东	1 766.8	1 973.5	2 214.3	2 421.3	18.6	19.1	19.6	19.7
河南	1 767.5	2 005.5	2 273.7	2 478.8	20.6	21.8	21.9	21.5
湖北	2 407.9	2 512.3	2 954.3	3 277.9	22	21.6	21.2	21.4
湖南	2 369.4	2 562.5	2 920.6	3 152.9	22.3	22.2	23	22.6
广东	2 761.9	2 902.4	3 355.8	3 707.4	22.2	22	21.8	21.9
广西	1 903.8	2 119.8	2 469.1	2 668.9	22.8	22.5	23.3	22.2
海南	1 652.3	1 839.2	2 160.4	2 389.8	18.5	19.2	19.7	19.2

续表

	居住支出变化（元/人）				占消费支出比重变化（%）			
	2016年	2017年	2018年	2019年	2016年	2017年	2018年	2019年
重 庆	1 660.2	1 967.3	2 273.5	2 501.2	16.7	18	19	19.1
四 川	1 918.5	2 157.1	2 500	2 747.5	18.8	18.9	19.6	19.5
贵 州	1 746.9	1 942.6	2 127.2	2 229.3	23.2	23.4	23.2	21.8
云 南	1 396.1	1 509.1	1 883.7	2 053.1	19	18.8	20.6	20
西 藏	851.5	947.5	1 175.1	1 257.9	14	14.2	15.8	14.9
陕 西	2 026.5	2 144.9	2 431.2	2 528.6	23.7	23	24.1	23.1
甘 肃	1 341.1	1 561.5	1 725.8	1 866.9	17.9	19.4	19	19.3
青 海	1 486.6	1 739.1	1 790.1	1 965.1	16.1	17.6	17.3	17.3
宁 夏	1 631.4	1 958.7	1 867.8	1 985.2	17.9	19.6	17.3	17.3
新 疆	1 643.4	1 659.8	1 716.3	2 158.7	19.9	19.1	18.2	20.9

资料来源：作者依据 2017—2020 年《中国农村统计年鉴》相关数据整理所得。

（四）全国各省份的农村居民生活用品及服务支出变化

全国各省份的农村居民生活用品及服务支出均呈上升趋势。天津市、上海市、北京市、江苏省、浙江省、四川省、重庆市、安徽省、湖北省、山东省、广东省、福建省、河北省和湖南省的农村居民生活用品及服务支出高于全国平均水平，大部分省份的农村居民生活用品及服务支出占消费支出比重呈下降趋势。

从排名前五位的省份看，2016—2019 年，天津市的农村居民生活用品及服务支出从 1 091 元增加至 1 509.7 元（年均增幅 2.00%），占消费支出比重从 6.9% 上升至 8.5%；上海市的农村居民生活用品及服务支出从 794.9 元增加至 1 320.4 元（年均增幅 18.43%），占消费支出比重从 4.7% 上升至 5.9%；北京市的农村居民生活用品及服务支出从 1 156.5 元增加至 1 230.2 元（年均增幅 2.08%），占消费支出比重从 6.7% 下降至 5.6%；江苏省的农村居民生活用品及服务支出从 910.2 元增加至 1 079.8 元（年均增幅 5.86%），占消费支出比重从 6.3% 下降至 6.1%；浙江省的农村居民生活用品及服务支出从 870.3 元增加至 1 016.4 元（年均增幅 5.31%），占消费支出比重从 5% 下降至 4.8%。

从排名后五位的省份看,吉林省的农村居民生活用品及服务支出从375.6元增加至438.1元(年均增幅5.26%),占消费支出比重从3.9%下降至3.8%;山西省的农村居民生活用品及服务支出从385.9元增加至500.6元(年均增幅9.06%),占消费支出比重从4.8%上升至5.1%;黑龙江省的农村居民生活用品及服务支出从386.7元增加至501.4元(年均增幅9.04%),占消费支出比重从4.1%下降至4%;西藏自治区的农村居民生活用品及服务支出从346元增加至514.6元(年均增幅14.15%),占消费支出比重从5.7%上升至6.1%;青海省的农村居民生活用品及服务支出从464.4元增加至541元(年均增幅5.22%),占消费支出比重从5%下降至4.8%。见表4-11。

表4-11 全国各省份农村居民的生活用品及服务支出及占比变化

	生活用品及服务支出变化(元/人)				占消费支出比重变化(%)			
	2016年	2017年	2018年	2019年	2016年	2017年	2018年	2019年
全国	595.7	634	720.5	763.9	5.9	5.8	5.9	5.7
北京	1 156.5	1 596.1	1 580.3	1 230.2	6.7	8.5	7.8	5.6
天津	1 091	1 100.5	1 357.4	1 509.7	6.9	6.7	8	8.5
河北	597.2	668.5	773.9	795.7	6.1	6.3	6.8	6.4
山西	385.9	393	443.7	500.6	4.8	4.7	4.8	5.1
内蒙古	506.8	522.1	578.9	545.7	4.4	4.3	4.6	4
辽宁	459.2	512.6	568.5	592.7	4.6	4.8	5	4.9
吉林	375.6	409.3	405.6	438.1	3.9	4	3.7	3.8
黑龙江	386.7	428.1	490.8	501.4	4.1	4.1	4.3	4
上海	794.9	935.2	1 137.2	1 320.4	4.7	5.2	5.7	5.9
江苏	910.2	954.3	939.3	1 079.8	6.3	6.1	5.7	6.1
浙江	870.3	842.1	1 053.2	1 016.4	5	4.7	5.3	4.8
安徽	643.2	589	772.5	846.3	6.3	5.3	6.1	5.8
福建	687.9	721	764.8	809.1	5.3	5.1	5.2	5
江西	519.7	537.4	607.2	743.4	5.7	5.4	5.6	5.9
山东	604.4	690.2	761.9	837.8	6.3	6.7	6.8	6.8

续表

	生活用品及服务支出变化（元/人）				占消费支出比重变化（%）			
	2016年	2017年	2018年	2019年	2016年	2017年	2018年	2019年
河南	588.1	647.2	697.5	738.9	6.8	7	6.7	6.4
湖北	669	706.2	852.2	839.6	6.1	6.1	6.1	5.5
湖南	639.9	642.8	756.8	787.7	6	5.6	5.9	5.6
广东	718.6	722.8	817	817.9	5.8	5.5	5.3	4.8
广西	455.8	495.2	604.1	680	5.5	5.2	5.7	5.6
海南	422.2	379.3	513.2	555.5	4.7	4	4.7	4.5
重庆	702.5	749	784.8	851.7	7.1	6.8	6.6	6.5
四川	692.7	782.3	859.8	917.3	6.8	6.9	6.8	6.5
贵州	437.4	449.9	569.2	576.9	5.8	5.4	6.2	5.6
云南	388.7	459.6	558.9	574.1	5.3	5.7	6.1	5.6
西藏	346	433.6	351.1	514.6	5.7	6.5	4.7	6.1
陕西	542.9	577.1	634.7	655	6.3	6.2	6.3	6
甘肃	458.7	484.9	513.9	577.6	6.1	6	5.7	6
青海	464.4	488.3	495	541	5	4.9	4.8	4.8
宁夏	578.6	574.4	673.5	696.3	6.3	5.8	6.2	6.1
新疆	400.6	408.5	610	685.5	4.8	4.7	6.5	6.6

资料来源：作者依据2017—2020年《中国农村统计年鉴》相关数据整理所得。

（五）全国各省份的农村居民交通通信支出变化

除浙江省和天津市外，全国各省份的农村居民交通通信支出均呈上升趋势。北京市、江苏省、上海市、浙江省、天津市、内蒙古自治区、湖北省、广东省、山东省、黑龙江省、福建省和青海省的农村居民交通通信支出高于全国平均水平。

从排名前五位的省份看，2016—2019年，北京市的农村居民交通通信支出从2 305.9元增加至3 384.5元（年均增幅13.65%），占消费支出比重从13.3%上升至15.5%；江苏省的农村居民交通通信支出从2 333.6元增加至

3 112.9元（年均增幅10.08%），占消费支出比重从16.2%上升至17.6%；上海市的农村居民交通通信支出从2 366.6元增加至3 008.8元（年均增幅8.33%），占消费支出比重从13.9%下降至13.4%；浙江省的农村居民交通通信支出从3 076元下降至2 965.4元（年均降幅1.21%），占消费支出比重从17.7%下降至13.9%；天津市的农村居民交通通信支出从2 646.6元下降至2 532.1元（年均增幅-1.46%），占消费支出比重从16.6%下降至14.2%。

从排名后五位省份看，山西省的农村居民交通通信支出从961.8元增加至1 057元（年均增幅3.20%），占消费支出比重从12%下降至10.9%；甘肃省的农村居民交通通信支出从954.6元增加至1 195.5元（年均增幅7.79%），占消费支出比重从12.8%下降至12.3%；海南的农村居民交通通信支出从835.7元增加至1 305.5元（年均增幅16.03%），占消费支出比重从9.4%上升至10.5%；新疆维吾尔自治区的农村居民交通通信支出从1 226.5元增加至1 320.6元（年均增幅2.49%），占消费支出比重从14.8%下降至12.8%；陕西省的农村居民交通通信支出从879.8元增加至1 360.3元（年均增幅15.63%），占消费支出比重从10.3%上升至12.4%。见表4-12。

表4-12　全国各省份农村居民的交通通信支出及占比变化

	交通通信支出变化（元/人）				占消费支出比重变化（%）			
	2016年	2017年	2018年	2019年	2016年	2017年	2018年	2019年
全国	1 359.9	1 509.1	1 690	1 836.8	13.4	13.8	13.9	13.8
北京	2 305.9	2 729.9	3 077.7	3 384.5	13.3	14.5	15.2	15.5
天津	2 646.6	2 902	2 595.2	2 532.1	16.6	17.7	15.4	14.2
河北	1 511.1	1 689.4	1 736.5	1 826.6	15.4	16	15.3	14.8
山西	961.8	1 028	1 106.9	1 057	12	12.2	12.1	10.9
内蒙古	1 790.3	2 055.6	2 102.5	2 354.4	15.6	16.9	16.6	17
辽宁	1 663.9	1 745.5	1 820.1	1 770.3	16.7	16.2	15.9	14.7
吉林	1 334.5	1 531	1 770.5	1 700.7	14	14.9	16.4	14.8
黑龙江	1 468.1	1 667.7	1 632.5	1 908.6	15.6	15.8	14.3	15.3
上海	2 366.6	2 365.9	2 892.2	3 008.8	13.9	13.1	14.5	13.4
江苏	2 333.6	2 619.5	2 959.9	3 112.9	16.2	16.8	17.9	17.6

续表

	交通通信支出变化（元/人）				占消费支出比重变化（%）			
	2016年	2017年	2018年	2019年	2016年	2017年	2018年	2019年
浙江	3 076	3 102.5	2 952.9	2 965.4	17.7	17.1	15	13.9
安徽	1 276.3	1 346	1 556.1	1 709.4	12.4	12.1	12.2	11.8
福建	1 452.1	1 555	1 817.1	1 903.4	11.2	11.1	12.2	11.7
江西	893.9	1 067.4	1 214.7	1 425.3	9.8	10.8	11.2	11.4
山东	1 545.1	1 710.4	1 873	1 999	16.2	16.5	16.6	16.2
河南	1 210.9	1 245.4	1 286	1 369	14.1	13.5	12.4	11.9
湖北	1 381.4	1 384.7	1 933.1	2 228.8	12.6	11.9	13.9	14.5
湖南	1 083.1	1 234.7	1 449.7	1 642.9	10.2	10.7	11.4	11.8
广东	1 370.5	1 423.6	1 930.4	2 139.8	11	10.8	12.5	12.6
广西	972	1 288.5	1 528.1	1 715.6	11.6	13.7	14.4	14.2
海南	835.7	1 041.5	1 105.3	1 305.5	9.4	10.8	10.1	10.5
重庆	1 066.6	1 334.1	1 502.5	1 585.6	10.7	12.2	12.5	12.1
四川	1 174	1 378.2	1 578.3	1 808	11.5	12.1	12.4	12.9
贵州	961	1 080.6	1 373.1	1 712.2	12.8	13	15	16.8
云南	1 032.2	1 308.6	1 507.3	1 663	14.1	16.3	16.5	16.2
西藏	602.1	794.2	1 396.6	1 427.6	9.9	11.9	18.7	17
陕西	879.8	1 114.4	1 222.5	1 360.3	10.3	12	12.1	12.4
甘肃	954.6	1 016	1 077.9	1 195.5	12.8	12.7	11.9	12.3
青海	1 577	1 629.3	1 765.2	1 886.3	17.1	16.5	17.1	16.6
宁夏	1 509.6	1 675.2	1 818.7	1 784.4	16.5	16.8	16.9	15.6
新疆	1 226.5	1 421.4	1 301.1	1 320.6	14.8	16.3	13.8	12.8

资料来源：作者依据 2017—2020 年《中国农村统计年鉴》相关数据整理所得。

(六)全国各省份的农村居民文化教育支出变化

全国各省份的农村居民文化教育支出均呈上升趋势。浙江省、湖南省、湖北省、内蒙古自治区、黑龙江省、江苏省、福建省、广东省、北京市、吉林省、海南省和广西壮族自治区的农村居民文化教育支出高于全国平均水平。大部分省份的文化教育支出占消费支出比重呈上升趋势。

从排名前五位的省份看,2016—2019年,浙江省的农村居民文化教育支出从1 610.8元增加至2 225.6元(年均增幅11.38%),占消费支出比重从9.3%上升至10.4%;湖南省的农村居民文化教育支出从1 477.3元增加至1 851元(年均增幅7.81%),占消费支出比重从13.9%下降至13.3%;湖北省的农村居民文化教育支出从1 156.6元增加至1 807.6元(年均增幅16.05%),占消费支出比重从10.6%上升至11.8%;内蒙古自治区的农村居民文化教育支出从1 553元增加至1 795.7元(年均增幅4.96%),占消费支出比重从13.5%下降至13%;黑龙江省的农村居民文化教育支出从1 249.4元增加至1 778.7元(年均增幅12.50%),占消费支出比重从13.3%上升至14.2%。

从排名后五位的省份看,西藏自治区的农村居民文化教育支出从192.9元增加至479.8元(年均增幅35.49%),占消费支出比重从3.2%上升至5.7%;青海省的农村居民文化教育支出从851.4元增加至1 033.2元(年均增幅6.66%),占消费支出比重从9.2%下降至9.1%;四川省的农村居民文化教育支出从707.2元增加至1 065.1元(年均增幅14.63%),占消费支出比重从6.9%上升至7.6%;新疆维吾尔自治区的农村居民文化教育支出从716.4元增加至1 143.8元(年均增幅16.88%),占消费支出比重从8.7%上升至11.1%;山西省的农村居民文化教育支出从1 132.3元增加至1 207.7元(年均增幅2.17%),占消费支出比重从14.1%下降至12.4%。见表4-13。

表4-13 全国各省市农村居民的文化教育支出及占比变化

	文化教育支出变化(元/人)				占消费支出比重变化(%)			
	2016年	2017年	2018年	2019年	2016年	2017年	2018年	2019年
全国	1 070.3	1 171.3	1 301.6	1 481.8	10.6	10.7	10.7	11.1
北京	1 341.7	1 313.7	1 436.2	1 587.1	7.7	7	7.1	7.3
天津	1 298.9	1 343.2	1 236.8	1 321.8	8.2	8.2	7.3	7.4

续表

	文化教育支出变化（元/人）				占消费支出比重变化（%）			
	2016年	2017年	2018年	2019年	2016年	2017年	2018年	2019年
河北	952.8	1 014.1	1 170.9	1 367	9.7	9.6	10.3	11
山西	1 132.3	1 127.2	1 149.6	1 207.7	14.1	13.4	12.5	12.4
内蒙古	1 553	1 638.6	1 736.5	1 795.7	13.5	13.4	13.7	13
辽宁	1 274.2	1 295	1 325.2	1 423.5	12.8	12	11.6	11.8
吉林	1 231.7	1 302.5	1 411	1 551.7	12.9	12.7	13	13.5
黑龙江	1 249.4	1 362.1	1 419.4	1 778.7	13.3	12.9	12.4	14.2
上海	1 123.1	1 219.8	1 173.3	1 401.9	6.6	6.7	5.9	6.2
江苏	1 352.2	1 450.5	1 547.3	1 668.4	9.4	9.3	9.3	9.4
浙江	1 610.8	1 590.9	1 787.9	2 225.6	9.3	8.8	9.1	10.4
安徽	949.1	1 075	1 271.1	1 470.7	9.2	9.7	10	10.1
福建	1 071.3	1 174.6	1 359.4	1 615	8.3	8.4	9.1	9.9
江西	922.2	1 004.1	1 143.7	1 394.7	10.1	10.2	10.5	11.2
山东	1 012.9	1 140.9	1 265.6	1 428.7	10.6	11	11.2	11.6
河南	948.8	1 030.3	1 226.8	1 459.3	11	11.2	11.8	12.6
湖北	1 156.6	1 330.7	1 551.4	1 807.6	10.6	11.4	11.1	11.8
湖南	1 477.3	1 710.2	1 678.6	1 851	13.9	14.8	13.2	13.3
广东	1 057.8	1 186	1 473	1 602.7	8.5	9	9.6	9.5
广西	1 000.8	1 127.9	1 246.9	1 498.1	12	12	11.7	12.4
海南	1 108.5	1 197	1 376	1 519.1	12.4	12.5	12.6	12.2
重庆	1 072.5	1 226.2	1 345.2	1 422.8	10.8	11.2	11.2	10.9
四川	707.2	847.7	934.2	1 065.1	6.9	7.4	7.3	7.6

续表

	文化教育支出变化（元/人）				占消费支出比重变化（%）			
	2016年	2017年	2018年	2019年	2016年	2017年	2018年	2019年
贵州	1 063.4	1 183.3	1 161.2	1 335.8	14.1	14.3	12.7	13.1
云南	920	1 044	1 153.1	1 254.1	12.5	13	12.6	12.2
西藏	192.9	238.6	409	479.8	3.2	3.6	5.5	5.7
陕西	1 102.9	1 082.8	1 252.9	1 387	12.9	11.6	12.4	12.7
甘肃	965.5	993.7	1 201.2	1 330.5	12.9	12.4	13.3	13.7
青海	851.4	897.1	944.6	1 033.5	9.2	9.1	9.1	9.1
宁夏	1 077.5	1 212.4	1 295.8	1 378.8	11.8	12.1	12	12
新疆	716.4	747.5	1 010.7	1 143.8	8.7	8.6	10.7	11.1

资料来源：作者依据2017—2020年《中国农村统计年鉴》相关数据整理所得。

（七）全国各省份的农村居民医疗保健支出变化

全国各省份的农村居民医疗保健支出均呈上升趋势。北京市、天津市、上海市、黑龙江省、湖北省、浙江省、内蒙古自治区、吉林省、江苏省、辽宁省、四川省、湖南省、广东省等省份农村居民医疗保健支出高于全国平均水平，大部分省份的医疗保健支出占消费支出比重呈上升趋势。

从排名前五位的省份看，2016—2019年，北京市的农村居民医疗保健支出从1 347元增加至2 246.9元（年均增幅18.60%），占消费支出比重从7.8%上升至10.3%；天津市的农村居民医疗保健支出从1 334.5元增加至2 104.3元（年均增幅16.39%），占消费支出比重从8.4%上升至11.8%；上海市的农村居民医疗保健支出从1 707.1元增加至2 104元（年均增幅7.22%），占消费支出比重从10%下降至9.4%；黑龙江省的农村居民医疗保健支出从1 269.9元增加至1 925.2元（年均增幅14.88%），占消费支出比重从13.5%上升至15.4%；湖北省的农村居民医疗保健支出从1 213.5元增加至1 921.8元（年均增幅16.56%），占消费支出比重从11.1%上升至12.5%。

从排名后五位的省份看，西藏自治区的农村居民医疗保健支出从152.6元增加至355.9元（年均增幅32.61%），占消费支出比重从2.5%上升至

4.2%；贵州省的农村居民医疗保健支出从527.8元增加至878.3元（年均增幅18.5%），占消费支出比重从7%上升至8.6%；海南省的农村居民医疗保健支出从593元增加至918.4元（年均增幅15.7%），占消费支出比重从6.6%上升至7.4%；云南省的农村居民医疗保健支出从620.1元增加至936.3元（年均增幅14.72%），占消费支出比重从8.5%上升至9.1%；江西省的农村居民医疗保健支出从650元增加至964.4元（年均增幅14.06%），占消费支出比重从7.1%上升至7.7%。见表4-14。

表4-14 全国各省份农村居民的医疗保健支出及占比变化

	医疗保健支出变化（元/人）				占消费支出比重变化（%）			
	2016年	2017年	2018年	2019年	2016年	2017年	2018年	2019年
全国	929.2	1 058.7	1 240.1	1 420.8	9.2	9.7	10.2	10.7
北京	1 347	1 699.3	1 991.9	2 246.9	7.8	9	9.9	10.3
天津	1 334.5	1 407.2	1 974.9	2 104.3	8.4	8.6	11.7	11.8
河北	928.2	1 072.6	1 201.6	1 334	9.5	10.2	10.6	10.8
山西	769.6	937.5	1 065.2	1 169.1	9.6	11.1	11.6	12
内蒙古	1 187.7	1 288.4	1 468.5	1 748.8	10.4	10.6	11.6	12.7
辽宁	1 139.2	1 251.4	1 529.1	1 657.1	11.4	11.6	13.3	13.8
吉林	1 230.5	1 399.6	1 450.9	1 736.9	12.9	13.6	13.4	15.2
黑龙江	1 269.9	1 551.2	1 916.2	1 925.2	13.5	14.7	16.8	15.4
上海	1 707.1	1 456.4	1 739.5	2 104	10	8.1	8.7	9.4
江苏	1 148	1 395	1 529.6	1 675.2	8	8.9	9.2	9.5
浙江	1 173.2	1 370.2	1 626.9	1 776.6	6.8	7.6	8.3	8.3
安徽	931.9	1 006.8	1 036.7	1 323.5	9.1	9.1	8.1	9.1
福建	866.9	906.5	1 015.8	1 210.4	6.7	6.5	6.8	7.4
江西	650	718.2	783.8	964.4	7.1	7.3	7.2	7.7
山东	1 027.3	1 129.3	1 205	1 343.4	10.8	10.9	10.7	10.9

续表

	医疗保健支出变化（元/人）				占消费支出比重变化（%）			
	2016年	2017年	2018年	2019年	2016年	2017年	2018年	2019年
河南	797.8	909	1 226.6	1 461.8	9.3	9.9	11.8	12.7
湖北	1 213.5	1 438.3	1 588	1 921.8	11.1	12.4	11.4	12.5
湖南	986.5	1 171.8	1 385.5	1 614.5	9.3	10.2	10.9	11.6
广东	803.9	921.7	1 366.7	1 520.7	6.5	7	8.9	9
广西	781.8	931	1 088	1 231.2	9.4	9.9	10.2	10.2
海南	593	629.5	712.4	918.4	6.6	6.6	6.5	7.4
重庆	852.3	883.9	1 075.1	1 262.3	8.6	8.1	9	9.6
四川	972.5	1 093.6	1 344.8	1 620.8	9.5	9.6	10.6	11.5
贵州	527.8	602.5	703.2	878.3	7	7.3	7.7	8.6
云南	620.1	681.5	845.6	936.3	8.5	8.5	9.3	9.1
西藏	152.6	147.5	314.9	355.9	2.5	2.2	4.2	4.2
陕西	1 044.1	1 260.4	1 241.8	1 382.6	12.2	13.5	12.3	12.6
甘肃	821.3	890.6	1 132.6	1 183	11	11.1	12.5	12.2
青海	1 278.8	1 270.4	1 332.3	1 485.8	13.9	12.8	12.9	13.1
宁夏	1 040.6	1 131.2	1 248.6	1 448.3	11.4	11.3	11.6	12.6
新疆	846.8	970.7	1 017.5	1 060.5	10.2	11.1	10.8	10.3

资料来源：作者依据2017—2020年《中国农村统计年鉴》相关数据整理所得。

第三节　农村居民可支配收入与消费支出相关关系

从两个维度看农村居民可支配收入与消费支出的相互影响及作用关系。一方面，农村居民的可支配收入增长会对哪些类型的消费支出起到显著的促进作用？另一方面，农村居民的哪些类型收入会对消费支出起到显著的促进作用？

一、农村居民可支配收入与各类型消费支出的关系

运用相关系数分析的方法，考察农村居民的可支配收入增长与各类型消费支出之间的作用关系。以中国各省份2016—2019年的相关数据为分析样本，结果显示，农村居民可支配收入与各类消费支出均存在显著的正相关关系（存在小于或等于1%的显著性水平）。从相关系数的绝对值大小看，正相关系数较大的有农村居民居住支出、交通通信支出、食品烟酒支出、生活用品和服务支出，相关系数分别为0.89，0.87，0.86，0.83，农村居民可支配收入与农村居民医疗保健支出（0.65）和文化教育支出的相关系数绝对值相对较小（0.49），反映了当前中国各省份农村居民可支配收入对农村居民衣食住行方面的开销影响较大，对文化教育和医疗保健方面的开销影响相对较小。见表4-15。

表4-15 农村居民可支配收入与各项消费支出的相关系数矩阵

	可支配收入	食品支出	衣着支出	居住支出	用品支出	交通支出	文教支出	医疗支出
可支配收入	1	0.86*	0.72*	0.89*	0.83*	0.87*	0.49*	0.65*
食品支出	0.86*	1	0.50*	0.78*	0.72*	0.68*	0.40*	0.46*
衣着支出	0.72*	0.50*	1	0.59*	0.66*	0.76*	0.23*	0.60*
居住支出	0.89*	0.78*	0.59*	1	0.84*	0.80*	0.55*	0.60*
用品支出	0.83*	0.72*	0.66*	0.84*	1	0.77*	0.38*	0.62*
交通支出	0.87*	0.68*	0.76*	0.80*	0.77*	1	0.55*	0.74*
文教支出	0.49*	0.40*	0.23*	0.55*	0.38*	0.55*	1	0.67*
医疗支出	0.65*	0.46*	0.60*	0.60*	0.62*	0.74*	0.67*	1

资料来源：作者依据2017—2020年《中国农村统计年鉴》相关数据整理，由stata15软件处理所得。

*表示所有显著性水平小于或等于1%的相关系数。

（一）各省份农村居民可支配收入对食品支出的影响

2016—2019 年，中国各省份中，农村居民可支配收入越高的省份食品烟酒支出也越高，二者的线性拟合趋势较为明显。上海市、浙江省、北京市、天津市、福建省、广东省和江苏省的农村居民可支配收入和食品烟酒支出均较高。西部地区省份的农村居民可支配收入和食品烟酒支出均处于相对较低位置。见图 4-1。

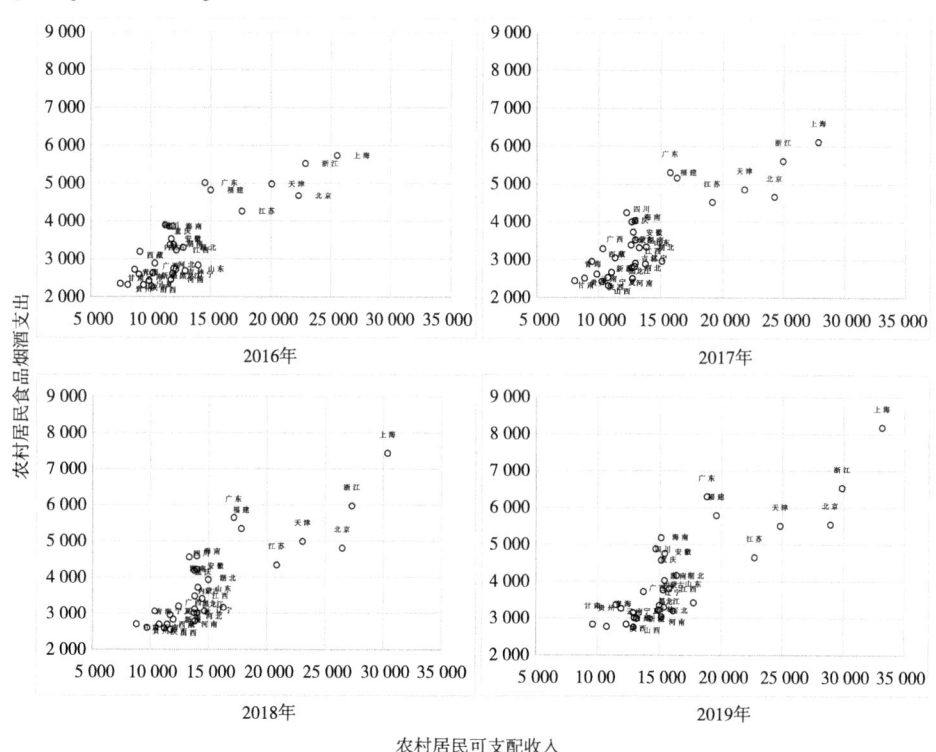

图 4-1　2016—2019 年各省份农村居民可支配收入与食品烟酒支出相关关系

资料来源：作者依据 2017—2020 年《中国农村统计年鉴》相关数据整理，由 stata15 软件处理所得。

（二）各省份农村居民可支配收入对衣着支出的影响

2016—2019 年，中国各省份中，农村居民可支配收入与衣着支出的线性拟合趋势越来越显著。上海市、浙江省、北京市、天津市和江苏省的农村居民可支配收入和衣着支出均较高。广西壮族自治区、云南省、贵州省、甘肃省和山西省等西部地区省份的农村居民可支配收入和衣着支出均处于相对较低位置。见图 4-2。

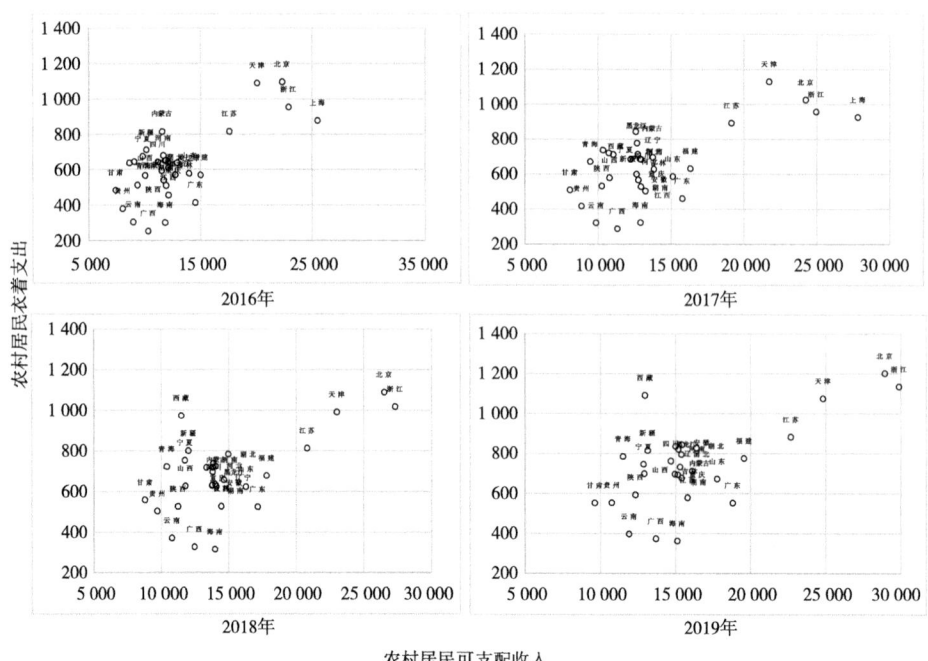

图 4-2　2016—2019 年各省份农村居民可支配收入与衣着支出相关关系

资料来源：作者依据 2017—2020 年《中国农村统计年鉴》相关数据整理，由 stata15 软件处理所得。

（三）各省份农村居民可支配收入对居住支出的影响

2016—2019 年，中国各省份中，农村居民可支配收入越高的省份居住支出越高，二者的线性拟合趋势较为明显。北京市、上海市、浙江省、天津市和江苏省的农村居民可支配收入和居住支出均较高。西藏自治区、云南省、贵州省、甘肃省和青海省等西部地区省份的农村居民可支配收入和居住支出均处于相对较低位置。见图 4-3。

（四）各省份农村居民可支配收入对生活用品及服务支出的影响

2016—2019 年，中国各省市中，农村居民可支配收入越高的省份生活用品及服务支出越高，二者的线性拟合趋势较为明显。北京市、上海市、浙江省、天津市和江苏省的农村居民可支配收入与生活用品及服务支出均较高。西藏自治区、云南省、贵州省、甘肃省、青海省和陕西省等西部地区省份的农村居民可支配收入和生活用品及服务支出均处于相对较低位置。见图 4-4。

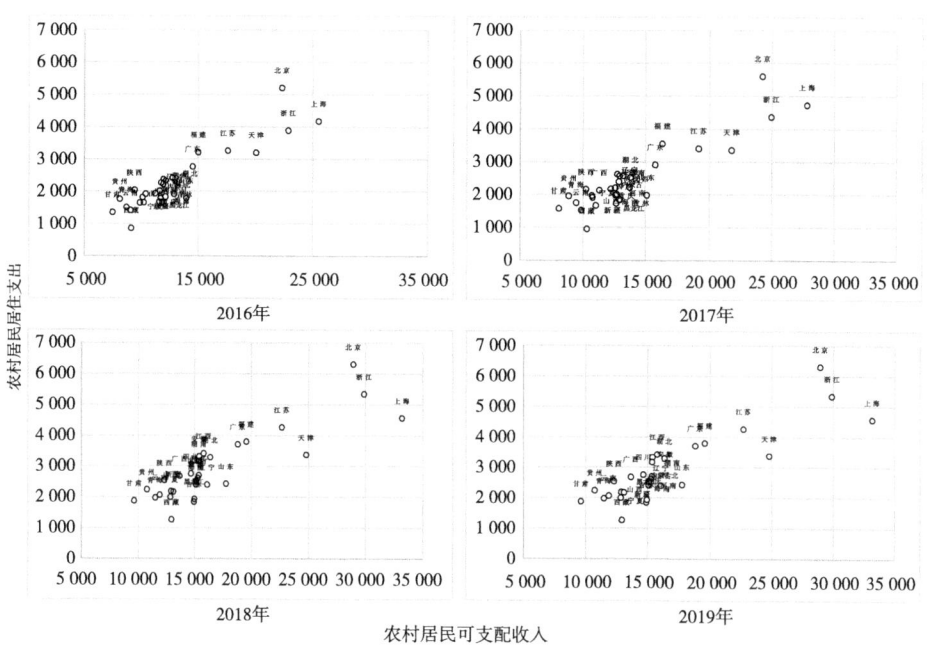

图 4-3 2016—2019 年各省份农村居民可支配收入与居住支出相关关系

资料来源：作者依据 2017—2020 年《中国农村统计年鉴》相关数据整理，由 stata15 软件处理所得。

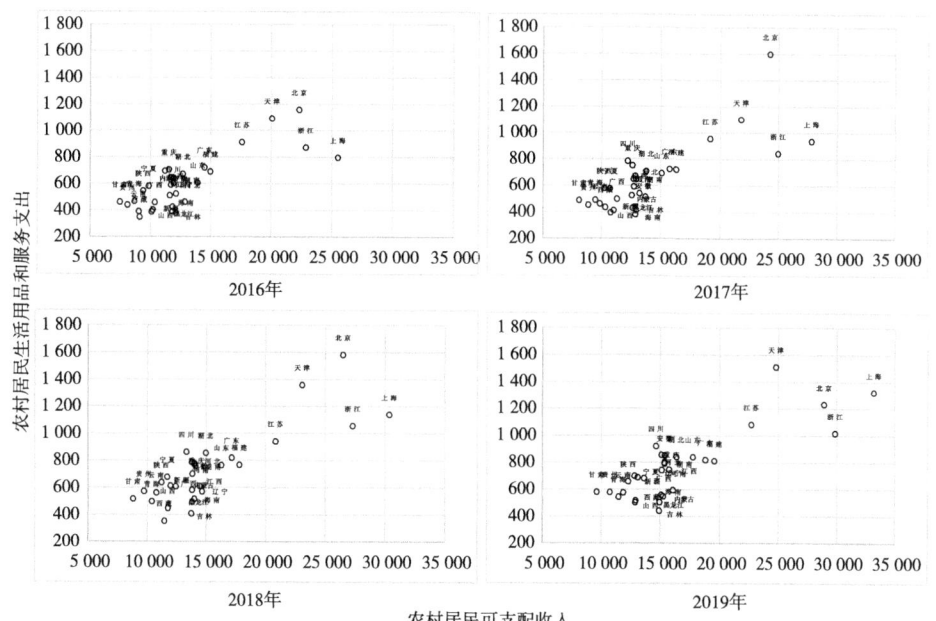

图 4-4 2016—2019 年各省份农村居民可支配收入与生活用品及服务支出相关关系

资料来源：作者依据 2017—2020 年《中国农村统计年鉴》相关数据整理，由 stata15 软件处理所得。

（五）各省份农村居民可支配收入对交通通信支出的影响

2016—2019 年，中国各省份中，农村居民可支配收入与交通通信支出的线性拟合趋势越来越显著。北京市、上海市、浙江省、天津市和江苏省的农村居民可支配收入与交通通信支出均较高。甘肃省、西藏自治区、贵州省、山西省和陕西省等西部地区省份的农村居民可支配收入和交通通信支出均处于相对较低位置。见图 4-5。

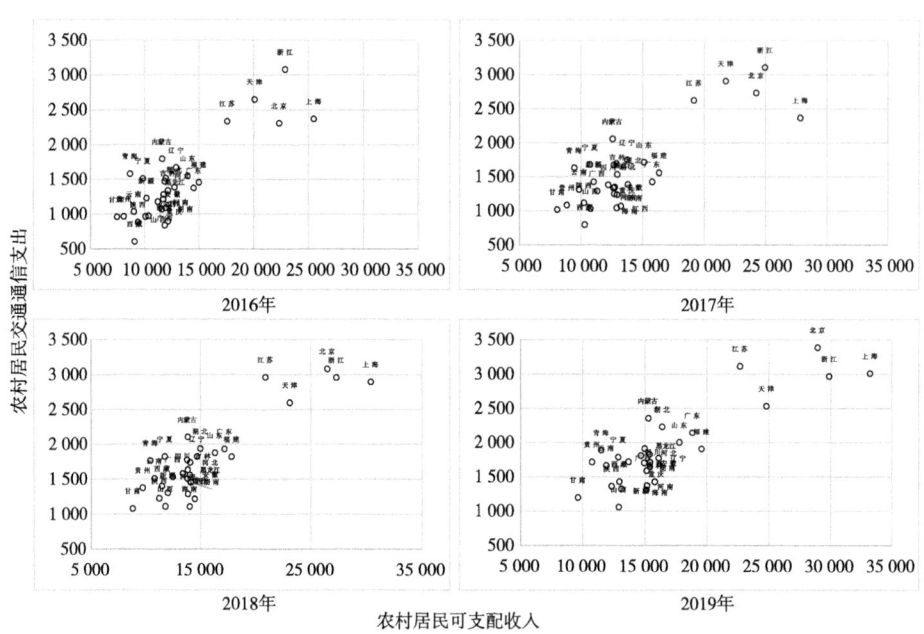

图 4-5　2016—2019 年各省份农村居民可支配收入与交通通信支出相关关系

资料来源：作者依据 2017—2020 年《中国农村统计年鉴》相关数据整理，由 stata15 软件处理所得。

（六）各省份农村居民可支配收入对文化教育支出的影响

2016—2019 年，中国各省份中，农村居民可支配收入与文化教育支出的线性拟合趋势并不明显。仅能看出浙江省的农村居民可支配收入和文化教育支出处于较高水平，其他省份的农村居民可支配收入和文化教育支出处于一高一低水平，二者之间的相关关系不显著。见图 4-6。

（七）各省份农村居民可支配收入对医疗保健支出的影响

2016—2019 年，中国各省份中，农村居民可支配收入高的省份医疗保健支出也高，二者之间的线性拟合趋势较为明显。上海市、北京市、浙江省、

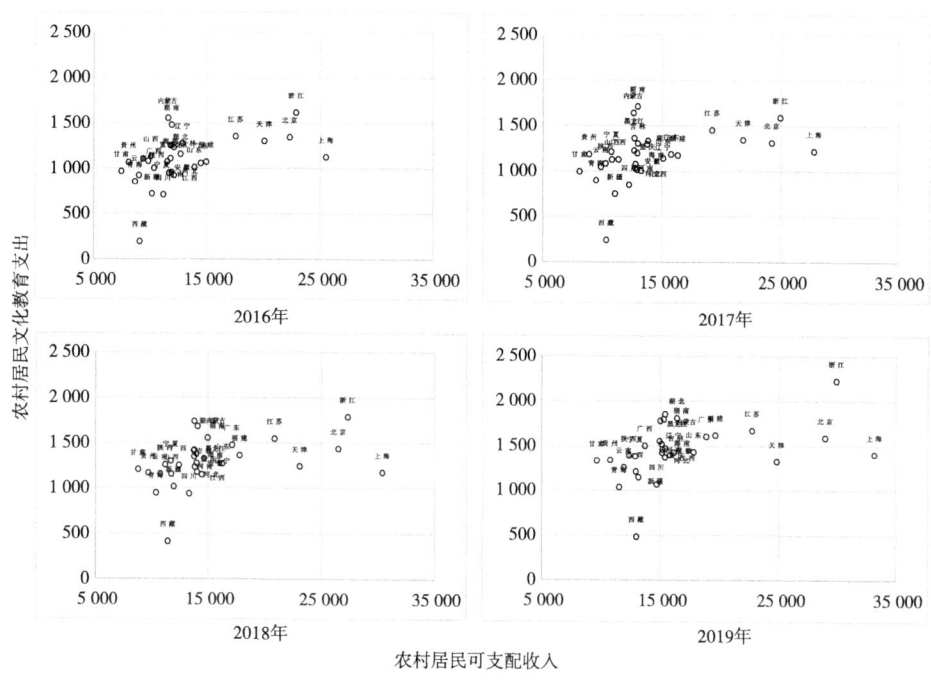

图 4-6　2016—2019 年各省份农村居民可支配收入与文化教育支出相关关系

资料来源：作者依据 2017—2020 年《中国农村统计年鉴》相关数据整理，由 stata15 软件处理所得。

天津市和江苏省的农村居民可支配收入与医疗保健支出均较高。西藏自治区、云南省、贵州省、甘肃省和海南省等西部地区省份的农村居民可支配收入和医疗保健支出均处于相对较低位置。见图 4-7。

二、农民居民各类型收入与消费支出的关系

运用相关系数分析方法，考察农村居民的各类型收入与消费支出的相互影响及作用关系。以中国各省份 2016—2019 年的相关数据为分析样本，结果显示，农村居民工资性收入、财产性收入、转移性收入与消费支出之间存在显著的正相关关系，农村居民的经营性收入与消费支出不存在显著的相关关系，同时，农村居民工资性收入与经营性收入存在显著的负相关关系。这反映了当前中国各省份农村居民的工资性收入、财产性收入和转移性收入，对消费支出产生显著的正向影响，而经营性收入不但没有对消费支出产生显著影响，还与工资性收入存在明显的负相关关系，从一个侧面映射出各类大中型农业生产经营主体，会对农民的工资性收入和财产性收入产生一定的带动效应，但未对农民的经营性收入产生实质影响。见表 4-16。

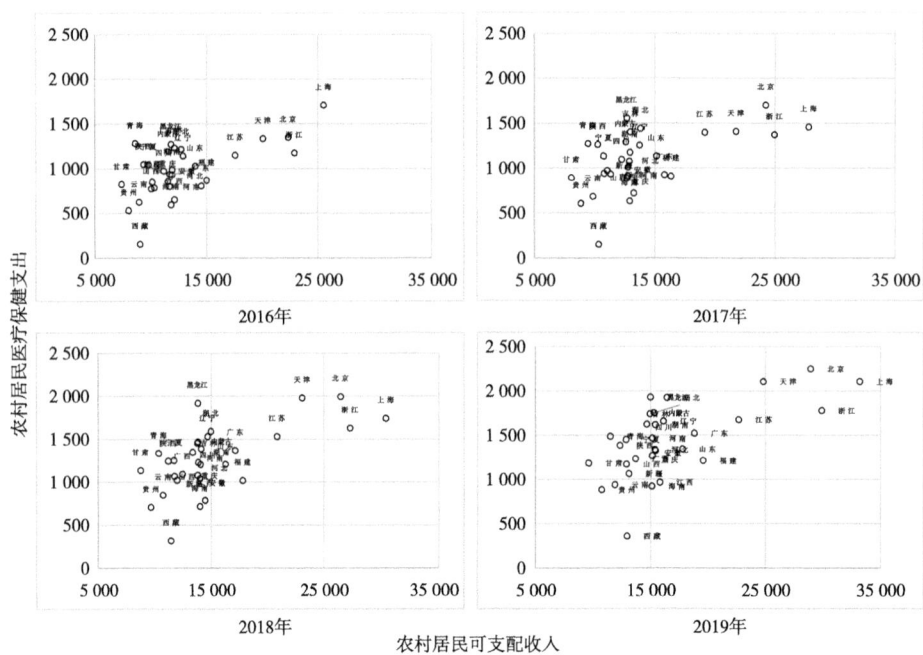

图 4-7　2016—2019 年各省份农村居民可支配收入与医疗保健支出相关关系

资料来源：作者依据 2017—2020 年《中国农村统计年鉴》相关数据整理，由 stata15 软件处理所得。

表 4-16　农村居民各项收入与消费支出的相关系数矩阵

	工资性收入	经营性收入	财产性收入	转移性收入	消费支出
工资性收入	1	-0.34*	0.83*	0.47*	0.89*
经营性收入	-0.34*	1	-0.22	-0.21	-0.07
财产性收入	0.83*	-0.22	1	0.38*	0.80*
转移性收入	0.47*	-0.21	0.38*	1	0.61*
消费支出	0.89*	-0.07	0.80*	0.61*	1

资料来源：作者依据 2017—2020 年《中国农村统计年鉴》相关数据整理，由 stata15 软件处理所得。

注：*表示给所有显著性水平小于或等于 1% 的相关系数。

（一）各省份农村居民工资性收入对消费支出的影响

2016—2019 年，中国各省份中，农村居民工资性收入高的省份消费支出也高，二者之间的线性拟合趋势较为明显。上海市、北京市、浙江省、天津市、江苏省和广东省的农村居民工资性收入与消费支出均较高。西藏自治区、贵州省、甘肃省和云南省等西部地区省份的农村居民工资性收入和消费支出均处于相对较低位置（见图4-8）。

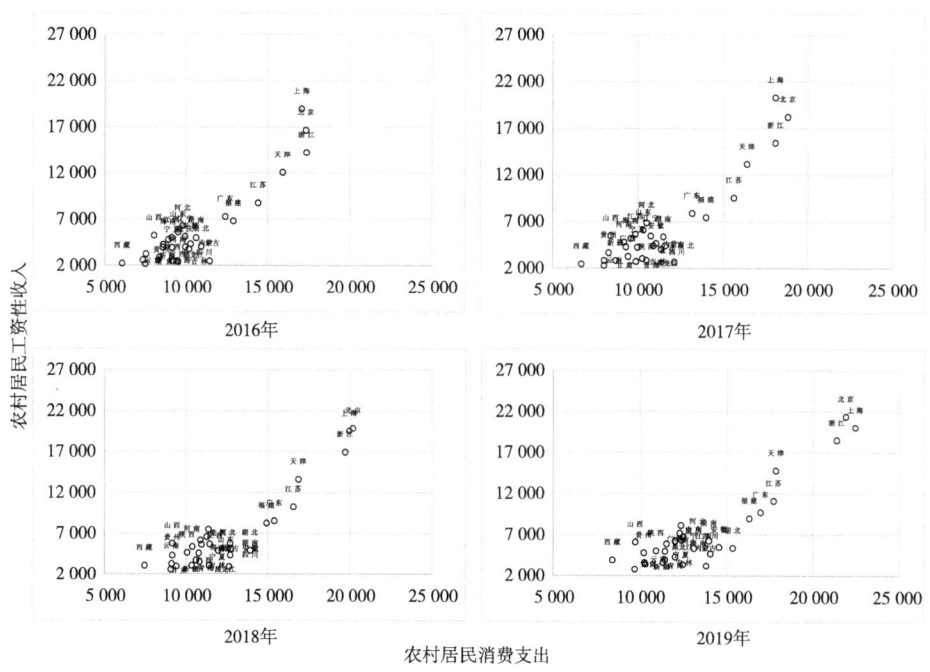

图4-8 2016—2019年各省份农村居民工资性收入与消费支出相关关系

资料来源：作者依据2017—2020年《中国农村统计年鉴》相关数据整理，由stata15软件处理所得。

（二）各省份农村居民经营性收入对消费支出的影响

2016—2019年，中国各省份中，农村居民经营性收入与消费支出的线性拟合趋势没有农村居民工资性收入与消费支出的拟合态势显著（见图4-9）。从各省份农村居民经营性收入对消费支出的影响看，2016—2019年，中国各省份中，农村居民财产性收入与消费支出的线性拟合态势，没有农村居民工资性收入与消费支出的拟合态势显著。见图4-10。各省份农村居民财政转移性收入与消费支出的拟合态势也不显著。见图4-11。

（三）各省份农村居民工资性收入占比与经营性收入占比相互影响

2016—2019年，中国各省份中，农村居民工资性收入占比高的省份其经营性收入占比低，二者之间的线性拟合趋势较为明显。上海市、北京市、浙

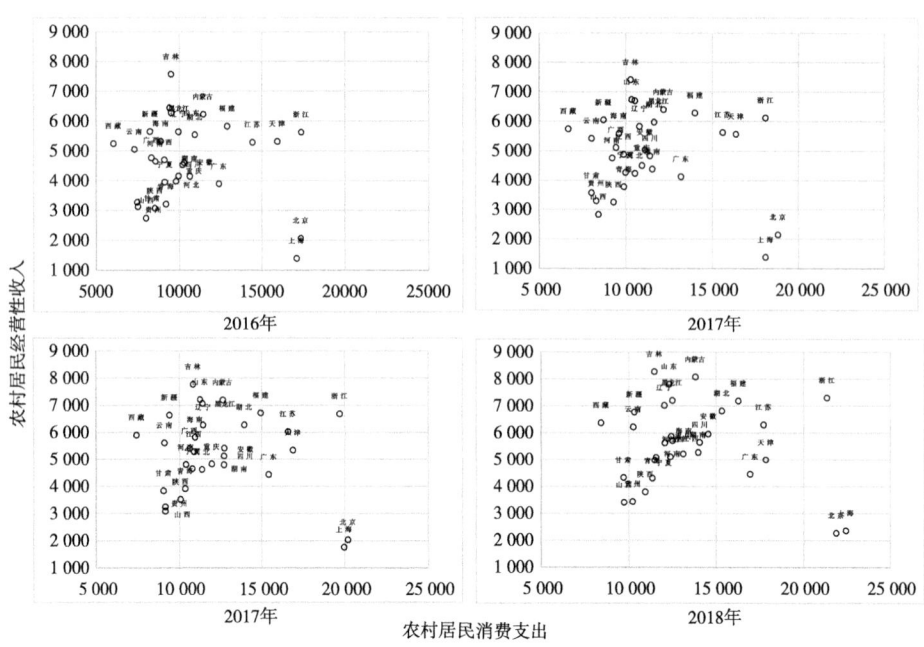

图 4-9　2016—2019 年各省份农村居民经营性收入与消费支出相关关系

资料来源：作者依据 2017—2020 年《中国农村统计年鉴》相关数据整理，由 stata15 软件处理所得。

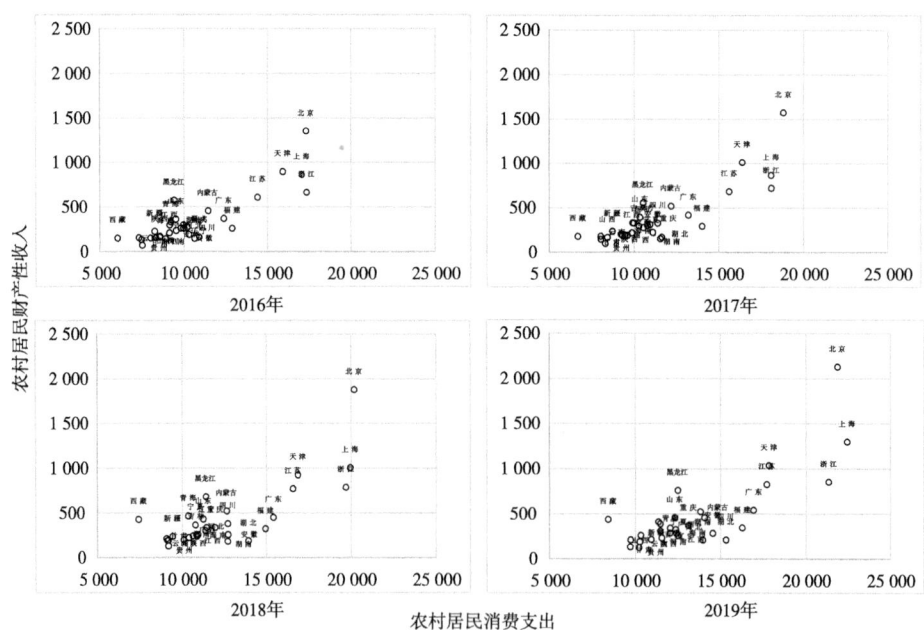

图 4-10　2016—2019 年各省份农村居民财产性收入与消费支出相关关系

资料来源：作者依据 2017—2020 年《中国农村统计年鉴》相关数据整理，由 stata15 软件处理所得。

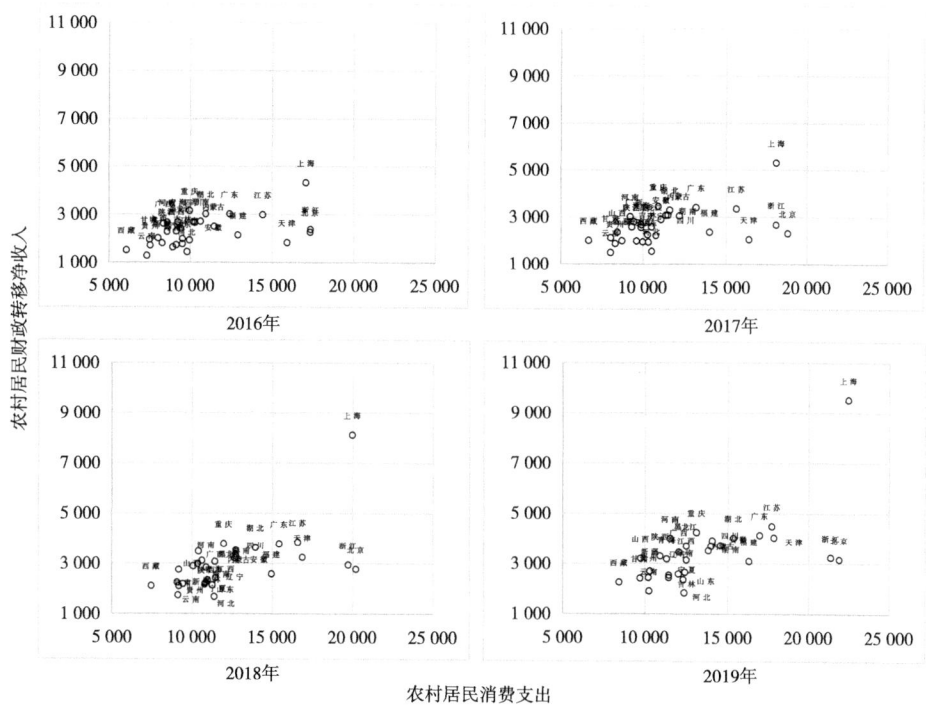

图 4-11　2016—2019 年各省份农村居民财政转移性收入与消费支出相关关系

资料来源：作者依据 2017—2020 年《中国农村统计年鉴》相关数据整理，由 stata15 软件处理所得。

江省、天津市、江苏省、山西省和河北省的农村居民工资性收入占比较高、经营性收入占比较低。云南省、新疆维吾尔自治区、内蒙古自治区、黑龙江省和吉林省的农村居民工资性收入占比较低、经营性收入占比较高。见图 4-12。

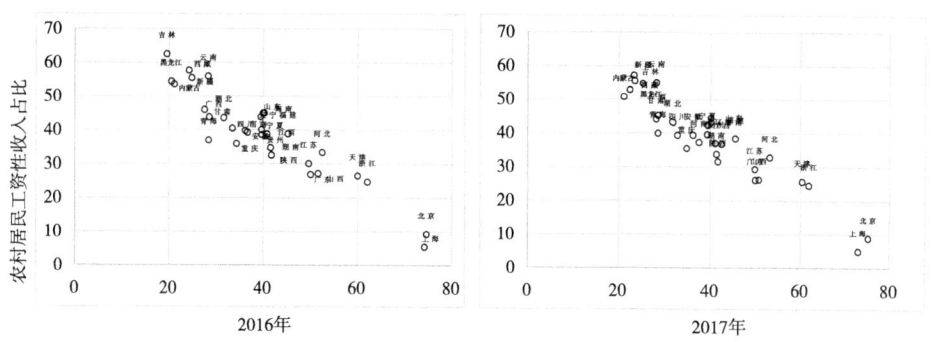

图 4-12

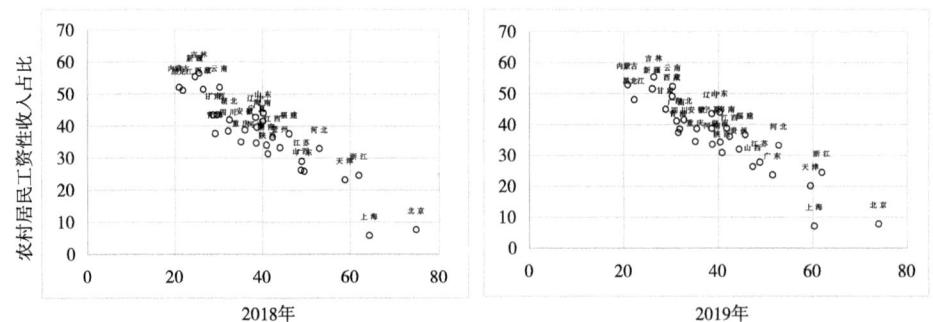

图 4-12　2016—2019 年各省份农村居民工资性收入占比与经营性收入占比相关关系

资料来源：作者依据 2017—2020 年《中国农村统计年鉴》相关数据整理，由 stata15 软件处理所得。

第四节　小结

本章重点围绕农村居民生活水平展开分析。

一、农村居民可支配收入及消费支出变化

2016—2019 年，全国农村居民可支配收入呈持续上升态势，从 12 363.4 元上升至 16 020.7 元；全国农村居民消费支出呈持续上升态势，从 10 129.8 元上升至 13 327.7 元。东部沿海地区省份的农村居民人均可支配收入和消费支出明显高于内陆地区。

二、农村居民消费支出占可支配收入比重变化

2016—2019 年，全国农村居民消费支出占可支配收入比重从 81.93% 上升至 83.19%，消费活力有所提升。甘肃省、青海省、四川省、贵州省、安徽省、湖北省、湖南省、内蒙古自治区、宁夏回族自治区、陕西省、广西壮族自治区、重庆市、云南省的农村居民消费支出占可支配收入比重高于全国平均水平，与东部地区省份相比，这些省份的农村居民可支配收入偏低，反映出中西部地区农村居民的储蓄率并不高。

三、农村居民可支配收入构成

工资性收入高于其他类型的收入，其中，财产性收入在农村居民收入来

源中的占比较低，说明当前农村产权制度改革的整体成效还未充分显现，农村居民的私有财产并未有效盘活。旅游业发达省份的农村居民经营性收入相对较高，甚至高于发达省份农村居民的同类收入。

四、农村居民消费支出构成

食品烟酒支出和居住支出在农村消费支出中占比较大。从占比变化看，农村居民的居住支出和交通通信支出在消费支出中的占比提升显著，从一个侧面反映了乡村人口的活动半径增大，到城镇务工产生的居住费用和交通通信费用明显增多。

五、农村居民的可支配收入与消费支出的相关关系

当前，中国各省份农村居民可支配收入对农村居民衣食住行方面的开销影响较大，对文化教育和医疗保健方面的开销影响相对较小。中国各省份农村居民的工资性收入、财产性收入和转移性收入对消费支出产生显著的正向影响，而经营性收入不但没有对消费支出产生显著影响，还与工资性收入存在明显的负相关关系，从一个侧面映射出各类大中型农业生产经营主体会对农民的工资性收入和财产性收入产生一定的带动效应，但未对农民的经营性收入产生实质影响。

第五章 产业组织的发展及带动作用

产业兴旺,是乡村治理的重要目标,也是实现乡村治理现代化的重要途径。产业兴旺能实现人才在本地就业,为乡村治理储备人力资源,同时也能增加农村居民收入,切实提升农村居民的生活质量。在以信息技术、生物技术、新材料技术、新能源技术为代表的新一轮产业与科技革命推动下,农村的产业发展迎来了新机遇与新挑战。乡村产业发展需要走农业现代化之路,治理的关键在于如何将"小而散"的农业生产经营方式转变为高度整合、组织化特征显著,且产业链上中下游联动的生产经营模式。纵观发达国家和地区的农业发展历程,高度完备的农业产业化组织是实现农业现代化的关键。龙头企业、农产品生产加工基地、农村集体经济组织,是衔接"小农户"与"大市场"的重要平台,是推动农业产业发展质量提升的重要力量。本章重点从全国各地农业产业化龙头企业、农产品加工基地的发展规模,以及对当地农户收入增长的带动作用进行分析,同时从农业行业协会组织的发展,以及农业产权制度改革对农业产业化经营的影响进行具体分析。

第一节 农业产业化龙头企业的发展带动效应

农业产业化龙头企业是串联各类农业生产经营主体的关键载体,在各省农业产业化龙头企业发展的实践过程中,形成了几种较为典型的各主体间利益联结机制。

一、部分省份农业产业化龙头企业的规模

2017年,山东省拥有国家级农业产业化重点龙头企业89家,拥有省级农业产业化重点龙头企业739家,拥有市级农业产业化重点龙头企业5 409家。河北省拥有国家级农业产业化重点龙头企业46家,拥有省级农业产业化重点龙头企业720家,拥有市级农业产业化重点龙头企业4 300家。江苏省拥有国

家级农业产业化重点龙头企业 61 家,拥有省级农业产业化重点龙头企业 675 家,拥有县级以上农业产业化重点龙头企业 7 465 家。安徽省拥有国家级农业产业化重点龙头企业 49 家,拥有省级农业产业化重点龙头企业 915 家,拥有市级农业产业化重点龙头企业 5 317 家。河南省拥有国家级农业产业化重点龙头企业 60 家,拥有省级农业产业化重点龙头企业 821 家。湖南省拥有国家级农业产业化重点龙头企业 46 家,拥有省级农业产业化重点龙头企业 649 家。广东省拥有国家级农业产业化重点龙头企业 56 家,拥有省级农业产业化重点龙头企业 820 家。吉林省拥有国家级农业产业化重点龙头企业 47 家,拥有省级农业产业化重点龙头企业 521 家。山西省拥有国家级农业产业化重点龙头企业 32 家,拥有省级农业产业化重点龙头企业 414 家。天津市拥有国家级农业产业化重点龙头企业 16 家,拥有市级以上农业产业化重点龙头企业 182 家①。

二、部分省份农业产业化龙头企业对各类农业生产经营主体的带动模式

2017 年,河北省农业产业化龙头企业通过订单制和股份制带动农户数达 1 300 多万户。江苏省省级以上农业产业化龙头企业带动了省内 667.4 万农户(占全省农户总数的 46.8%);农产品加工园区对接的合作社数量为 6 212 个,带动的农户数量超过 423 万户。浙江省农业产业化龙头企业带动农户数达 861 万户。河南省规模以上农产品生产加工企业通过"企业+基地+合作社+农户"的方式与 1 330 万农户形成利益联结。湖南省通过实施"龙头企业+订单+农户"和"龙头企业+土地租赁流转+农户"的生产经营主体联结模式,带动 968 万农户(占全省农户数的 59.8%),其中,引领创办专业合作社的省级以上龙头企业占比超过 60%,引领创办专业合作社的规模以上农产品生产加工企业占比超过 40%,参与经营各种类型休闲农业的农产品生产加工企业占比达 48%。安徽省形成一定规模的"龙头企业+合作社+农户"的产业化联合体 1 429 个,其中,省级示范联合体有 410 个。广东省农业产业化龙头企业带动农户超过 440 万户。山西省采取订单制、股份制合作形式的农业产业化龙头企业占比达 30%。吉林省农业产业化龙头企业带动农户数达 220 万户。

在农业产业化龙头企业带动下,内蒙古自治区共有 214 万户农牧民被整

---

① 《中国农产品加工年鉴》(2018 年),最新年鉴数据更新至 2017 年。数据为非图表的文字描述数据,部分指标在各省份和各年份缺失严重。为保证各省份之间的数据可比性,没有将所有省份逐一展示。下同,不再说明。

合到农业产业链当中，与农牧民建立利益联结机制的龙头企业比重高达81%。天津市以龙头企业为引领，以各类对接龙头企业与下游企业的中介组织为纽带，对接农业产业上下游的各类行业中介组织个体数量多达326个。云南省拥有农业产业化经营组织8 676个，其中，龙头企业带动型农业产业化经营组织有3 796个，中介带动型农业产业化经营组织有3 596个，专业市场带动型农业产业化经营组织有166个。

第二节　龙头企业的科技平台建设与集群发展

国内部分省份的农业产业化龙头企业，在政府及相关科研单位的支持下，通过自我创办和合作创办的形式，搭建了专门的科研部门和科技服务平台，为各地的农业产业化发展注入强劲的创新动能。

一、国内开展农业生产科研平台建设较好省份的经验

广东省的农业产业化龙头企业依托区域内重点高校开展农业科技领域的合作，农产品加工业的"校企"合作中，多项技术成果获得国家级和省部级科技进步奖项。其中，华南理工大学和华南农业大学等高校还专门设立农产品加工相关专业。天津市通过成立农产品加工业专家技术委员会，以及建立科技人员与农产品生产加工企业间的技术服务机制，提升了农产品加工产业的科技动能。2017年，天津市共有3 800余名科技人员服务于本市的农产品生产加工龙头企业，拥有专门研发机构的农产品生产加工企业占比为20%。浙江省近400家省级以上农产品加工企业的科研投入力度较大，2017年共计投入了15.6亿元科研经费，其中，拥有研发机构的企业有209家，拥有科技研发和推广人员11 708人。河南省打造了18个国家级认定的研发机构，以及123个省级研发机构。山西省拥有自我创建与合作创新研发机构的农业产业化龙头企业占比达40%。

二、集群式发展

集群式发展可以通过形成集聚经济和范围经济强化一个地区特定农产品加工产业的比较优势。从具体案例看，山东省和广东省的农业产业化龙头企业已经形成较为明显的产业集群发展模式。山东省现已形成集群式、差异化的农业生产经营主体集聚发展格局。潍坊、滨州、济宁、德州、聊城、菏泽等地构成了粮食加工型产业集群，企业品牌有佳士博、鲁王、中裕等；东营、

菏泽和滨州等黄河沿岸地区形成了棉花加工型产业集群，企业品牌有魏桥、愉悦家纺等；烟台、青岛和临沂等地形成花生加工型产业集群，企业品牌有鲁花、胡姬花、金胜等；以烟台为中心的胶东半岛水果加工型产业集群，企业品牌有泉源苹果、德丰、鼎力枣业；鲁东地区形成了蔬菜加工出口型产业集群，企业品牌有龙大、寿光蔬菜、兰陵蔬菜等；鲁中的肉禽加工型产业集群，企业品牌有诸城外贸、六和、金锣等。

广东省内也形成了多个差异化的产业发展集群，如东莞市麻涌镇粮油加工产业集群；潮汕地区休闲食品加工产业集群；江门市新会区果蔬加工产业集群；中山市黄圃镇腌腊肉制品加工业集群等。

第三节 农产品加工企业规模和财税支持

一、全国农产品加工业发展情况

全国各省份农产品加工业发展规模及体量相对较大的农产品加工企业多集中于东部地区。从拥有超过 6 000 家规模以上农产品加工企业的省份看，2017 年，山东省规模以上农产品加工企业有 1.1 万家；江苏省规模以上农产品加工企业有 7 336 家；安徽省规模以上农产品加工企业有 6 789 家；广东省规模以上农产品加工企业有 6 311 家。

在四个直辖市中，西南山城重庆市具有发展农产品加工业的纵深空间，2017 年，重庆市农产品加工企业有 2.4 万家。北京市、上海市和天津市均处于平原地带，缺乏发展农业及农产品加工业的纵深空间，仅在郊区保有较小规模的农产品加工产业。三个平原地带直辖市的产业结构中第一产业占比很低，第三产业占据主导地位，在郊区所保留的部分农产品生产加工业，主要是出于都市休闲农业、观光旅游业和应急保障的需要。北京市农产品加工业所面临的发展环境与上海市和天津市有所差别，在非首都功能疏解的背景下，北京市农产品生产加工基地的发展受到一定程度的影响，整体发展特点表现为立足首都农产品供给应急保障的需要，实现郊区化布局。北京市农产品生产加工基地的存量部分主要依托本市"菜篮子"工程得以发展，全市自我供给的加工农产品在"菜篮子"产品中的比重达到 2/3 以上。2017 年，北京市共有农产品生产加工企业 2 000 余家，其中规模以上农产品生产加工企业 279 家。农产品加工基地主要布局在顺义区、怀柔区和大兴区。这三个区的农产品加工企业数占全市农产品加工企业数的 40%。2017 年，天津市有规模以上农产品生产加工企业 843 家，相比之下，上海市拥有的农产品生产加工企业较少，全市拥有 55 家农产品生产加工企业。

结合查阅的相关数据，部分省份的农产品加工基地发展情况如下。2017 年，陕西省拥有规模以上农产品加工企业 5 981 家；福建省拥有规模以上农产品生产加工企业 4 551 家；湖南省拥有规模以上农产品加工企业 4 500 家；四川省拥有规模以上农产品加工企业 4 136 家；江西省拥有规模以上农产品加工企业 2 450 家；广西壮族自治区拥有规模以上农产品加工企业 1 900 余家；辽宁省拥有规模以上农产品加工企业 1 691 家；贵州省拥有规模以上农产品加工企业 1 560 家；山西省拥有规模以上农产品加工企业 800 多家。

二、农产品加工业财税政策现状

在乡村产业发展领域，各地政府均较为重视农产品加工企业对乡村第一产业发展的带动作用，并出台支持农产品加工企业发展的政策措施，通过财政贴息、设置财政专项补助和税收减免等方式的组合使用，支持农产品加工企业发展。

以下为几个省的做法与经验。

（一）浙江省的经验

一是严格落实财政对农产品加工企业的补贴政策。财政部门每年安排 1 亿元以上的财政贴息，3 000 万元的专项资金支持农产品加工业和流通业建设。

二是每年设立财政补助支持和引导农业全产业链的发展建设。从 2014 年开始，浙江省每年固定按照每条 80 万元的标准对全省示范性农业全产业链进行补助，截至 2017 年，浙江省已培育 55 条单条产值超过 10 亿元的农业全产业链。

三是积极落实财政对农业产业创新组织的支撑政策。浙江省科技厅对由农产品加工型龙头企业合作牵头组成的创新联盟，给予每个联盟 200 万元的补助。

（二）安徽省的经验

一是给予农产品加工企业税收减免。2017 年，安徽省对全省各类农产品加工企业税收减免共计 1.4 亿元。

二是在产业用地审批环节给予政策保障。安徽省相关部门针对农产品加工企业建设用地出台了相关的保障性政策。

三是给予农产品加工企业用电优惠政策，逐年增加执行农业生产用电价格的相关企业数量。

四是为农业产业化龙头企业提供科研经费支持。2017年,安徽省政府投入农业科技经费4 200余万元,对农业产业化发展的重点领域进行科技立项工作,重点科技专项经费投入8 000多万元,撬动市、县两级的龙头企业增加研发经费投入1.9亿元。

(一)广东省的经验

广东省的财政经费投入侧重于农业生产经营主体能力提升,以及重点产业的精深加工建设。

第四节 农业领域的产权制度及行业协会发展

产权制度改革是发展壮大农村集体经济组织的重要基础,从省级层面看,安徽省在推进农村产权制度改革过程中成效显著,具体做法是通过建立各级农村土地流转和交易体系,盘活农村土地交易市场,为合作社乃至更大生产经营主体的规模化经营奠定基础。2017年,安徽省共建立了10个市级农村产权流转交易市场,928个县、乡两级流转市场和交易服务中心,完成产权交易13 561宗,土地经营权规范流转率达43%。在合作社中,以土地股份为合作形式的合作社有332个,涉及农户41 613户,涉及土地27 697公顷。

从地级市层面看,结合作者在张家口市的实地调研情况,目前张家口市农村产权制度改革取得初步成效。在土地确权方面,2019年,张家口市全市乡村的二次公示无异议面积占比、合同完善率、登记簿建立率、县级数据库录入率分别达到98.54%、95.55%、95.55%、95.85%,全面完成河北省要求的"四个95%"的目标。在土地流转方面,建立了市、县、乡、村四级流转平台,全市流转面积达到25.40万公顷,流转率为37%。

调研过程中发现,农村产权改革过程中面临的共性问题表现为产权边界不够明晰,集体资产难以准确评估,产权制度改革有待向纵深推进。

(1) 产权政策细分不足。村民和村集体经济组织之间的股权占比、收益分配、有偿退出、抵押担保、继承权等方面的政策不够明确。此外,集体经营性建设用地和公益性建设用地分类确权政策不明确,且缺乏集体经营性建设用地上市交易的具体细则和办法。

(2) 集体资产难以准确评估。多数村集体组织收入较少,难以负担第三方评估需要的评估费用，而村民议事会自行评估的集体资产价值缺乏科学性和准确性，使得村集体资产难以作价入股。

农业行业协会是农业发展的自治组织，行业协会在农业生产、加工、销售环节采取的措施，比政府的行政措施更为有效。整理相关文献发现，中国大部分地区的农业行业协会的发展存在增量部分审批困难，存量部分发展不足等问题，未能充分发挥介于政府、企业、各类组织和农户之间的桥梁纽带作用。原因在于：一是政府部门对农业行业协会的重视与支持不足；二是行业协会的成立门槛较高，民政部门的审批困难；三是现有的行业协会自我发展不足，缺乏规范化管理；四是行业协会的关联发展基础相对薄弱，龙头企业、生产加工基地、各类集体经济组织的发展是行业协会存在的基础，但全国大部分地区在农业产业化过程中，上中下游各类生产经营主体间的发展参差不齐，农业行业协会在其中发挥作用的空间相对有限。

第五节　小结

本章重点围绕乡村产业组织化发展问题进行分析论述，乡村产业能否兴旺很大程度上取决于三个方面，一是现有的农业产业化组织模式能否将各类农业生产经营主体的利益实现深度结合；二是乡村各类集体资产的产权改革能否适应农业产业组织发展的需求；三是各类农业产业化组织能否实现自我完善与规范发展。通过上述分析发现，目前国内乡村产业组织化发展过程中面临的具体问题有两点：

第一，大部分农业生产经营主体自我发展不足。由于当前大部分的农业生产经营主体自我发展不足，对乡村产业发展的带动能力有限。有一定规模和实力的龙头企业数量偏少，大部分的生产经营主体以合作社的形式存在。这些合作社自身发展能力有限，管理经营模式粗放，遇到行业"光景"期各方一拥而上，有些地区还存在破坏市场的恶性竞争现象；在行业不景气的阶段"作鸟兽散"，产生很多名存实亡的"空牌"合作社。合作社的管理及运行机制主要是在与订单企业（龙头企业）的磨合过程中摸索形成的。在合作社内部缺乏管理型人才的情况下，如何通过外部渠道获得有利于合作社长期发展的规范化管理制度，是当前及未来农业产业化经营领域所面临的现实问题。

第二，政府在引导农业产业化组织发展过程中存在重数量、轻质量的问题。一些地区盲目追求农业产业化生产经营组织的数量，忽视其对农户收入增长的带动作用，一些地区吸引了一定规模的农产品生产加工基地，但是由于细分行业选取差异、利益联结机制差异、产品市场化营销能力差异等原因，这些农产品加工基地对本地农户收入增长的助推作用并不显著。

第六章　产业间融合发展与品牌打造

第五章从各类农业生产经营主体如何实现融合发展的角度探讨乡村产业发展问题，本章从三次产业间如何实现融合发展的角度，进一步分析乡村产业发展问题。关于乡村产业发展，目前较为主流的观点认为，提升农业产业发展质量的关键在于实现第一、第二、第三产业的融合发展，通过延长第一产业的产业链，进一步拓展第一产业的发展空间。2015 年，中央一号文件提出"推进农村一二三产业融合发展"。从学术视角看，日本学者今村奈良臣提出，农户不应该仅局限于从事种植和养殖行业，应该具备对接农产品加工和农产品流通渠道的能力，同时应该培养自身参与农业观光旅游行业的能力①。国内学者梁伟军等指出，农业产业化应该涵盖农资供应、农产品生产加工、农产品销售及流通渠道建设，同时还包括农业内细分行业的融合，以及农业生产部门之间与服务部门之间交叉融合②。国家发展改革委员会宏观院和农经司课题组提出，农业产业化应该以第一产业为依托，以新型经营主体为引领，以利益联结为纽带，通过产业链延伸，产业功能拓展和要素集聚、技术渗透及组织制度创新，跨界集约配置资本、技术和资源要素，促进农业生产、农产品加工流通、农资生产销售和休闲旅游等服务业有机整合，以推进三次产业的协调发展，促进农业竞争力提升，最终促进农村增收，为乡村繁荣奠定内生增长动力③。

---

① 今村奈良臣. 第6次産業の創造を21世紀農業を花形産業にしよう [J]. 月刊地域づくり，1996.
② 梁伟军，王昕坤. 农业产业融合 农业成长的摇篮 [J]. 北京农业，2013（11）：4-6.
③ 国家发展改革委宏观院和农经司课题组. 推进我国农村一二三产业融合发展问题研究 [J]. 经济研究参考，2016（4）：3-28.

第一节 农村地区一二三产业的融合发展现状

从国内农村地区一二三产业融合发展历程看,随着家庭联产承包责任制的推行,以及农产品收购价格提升和取消农产品统购统销等市场化改革举措的实施,农村产业的发展活力在一定程度上有所提升。在之后的不同时期,针对农村产业发展面临的新问题与新挑战,农业政策层面也做出了相应调整,为确保一二三产业融合发展奠定了一定的基础。

一、农村地区三产融合发展阶段

张义博的研究认为,可以将国内农村地区三产融合的发展历程划分为三个阶段[①]。

20世纪80年代:乡镇企业在政策支持下快速发展。改革开放以后,乡镇企业的发展得到了中央和地方政府的重视,因其集体所有制的属性,乡镇企业的参与主体多为农村居民,绝大多数的乡镇企业布局在农村地区,并且早期的乡镇企业主要是农业的延伸,是最早与农业形成产业融合的组织形式,打破了计划经济时期农业与二、三产业割裂的局面。这一阶段,中央在1984年的"一号文件"中,将乡镇企业摆在了农村经济发展重要支柱的位置。

20世纪90年代:贸工农、产供销一体化支持政策。十多年的乡镇企业发展在一定程度上促进了农业生产力的提升,但由于市场经济体系的不成熟使得部分农产品出现供需不匹配,产品滞销现象突出的问题。为解决分散化经营造成的问题,各地开始了农业发展的市场化探索,在摸索中确定了"贸工农、产供销一体化"的三次产业融合发展模式。1993年,国务院发布《90年代中国农业发展纲要》,提出"种养加""贸工农"结合,拓展乡村产业发展空间,形成贸工农一体化、供产销一条龙的综合服务体系。1997年,国家经贸委发布《〈关于发展贸工农一体化的意见〉的通知》,提出进一步拓展试点范围和试点对象,探索建立更为成熟的贸工农一体化利益联结机制,补齐薄弱环节,同时,加强金融部门对贸工农龙头企业的融资支持。

21世纪以来:鼓励农业产业化发展政策。2001年,中国加入世界贸易组织,农业领域的对外开放倒逼国内原有农业产业发展模式的调整。《中华人民共和国国民经济和社会发展第十个五年计划纲要》指出,农业现代化离不开

---

① 张义博. 农业现代化视野的产业融合互动及其路径找寻[J]. 改革, 2015(2): 98-107.

农业产业化,引导多种农业合作形式(如公司+农户,订单农业等),支持农产品加工和销售企业与农户形成收益共享、风险同担的利益共同体。2004—2010年,接连几年的中央"一号文件"都着重强调农业产业化经营和龙头企业发展的重要性。在财政支持方面,中央设立专项的农业产业化资金,以鼓励龙头企业建设标准化生产基地、培训农户、农业技术改造和节能减排。在税收优惠方面,对农业龙头企业的农产品增值税和部分进口农产品加工设备实施增值税抵扣、免征关税等优惠政策。在金融支持方面,2009年,农业部联合中国农业发展银行共同发布了关于支持农业龙头企业发展的具体意见,重点对涉农龙头企业的仓储设施、场地建设、技术改造等资产投资和季节性的农产品收购予以贷款支持。此外,2007年,农业部发布《关于加快发展农村"一村一品"的指导意见》,旨在通过"一村一品"建设提升乡村产业发展的差异化程度,为此特别设立了支持"一村一品"建设的专项资金。2011年,农业部发布《关于创建国家农业产业化示范基地的意见》,强调要加强涉农类龙头企业的产业集群发展、加快农产品品牌建设、扩大规模化农业生产范围,将专项资金向重点示范基地倾斜。

二、农村地区三产融合发展的特点

随着相关政策的引导,以及多主体参与,国内农村地区的一二三产业融合发展不断推进,总体特点表现在两个方面。

(一)形式多样的融合发展模式

结合各地的资源禀赋差异,探索出形式多样的融合发展模式。

一是种植业、养殖业结合型发展模式。该模式以各地资源禀赋为依托,引导多种农业生产经营主体参与到农业产业链的细分环节中,形成内部协同紧密、上下联动的循环模式,有效释放了产业链的增值空间。该模式的典型例子是依托种植业和养殖业关联形成的循环农业。

二是产业链条延伸型发展模式。该模式重点在于通过对农产品的深加工,提升前端产业环节的附加值,同时在农产品深加工过程中实现了自动化、标准化和品牌化。其中,自动化极大地降低了雇佣劳动力的成本,同时也为提升产品标准化水平奠定了基础;标准化保证了产品质量,为品牌化提供有力保障;品牌化有效地开拓了产品市场,对于增值空间释放至关重要。

三是功能拓展型发展模式。该模式更加侧重于将区域的生态资源融入产业发展过程中,注重种植养殖行业与旅游观光行业的对接融合。典型案例是各地充分挖掘乡村传统文化资源,形成特色小镇,同时开展各种文化节、嘉年华等活动,引导旅游人群到本地进行场景式消费,有效拓展了本地的产业收入。

四是技术渗透型发展模式。该模式结合当前的物联网、云计算等"新基建"设施,在农业生产环节实现精细化、数控化与集约化,在产品流通环节有效地将产品以更多可视化渠道推向更大范围内的市场。

(二) 农业产业参与主体间的利益联结机制

农村地区三产融合发展形成了更加紧密的农业产业参与主体间的利益联结机制。

一是订单合同型发展模式。该模式依托龙头企业的带动效应,按照"公司+基地+农户"的方式,在生产端由农户提供满足标准的农产品,龙头企业按照合约价格收购一定数量的农产品,通过合约化的形式确保了农户的收入预期,同时也稳定了龙头企业的农产品收购价格和收购数量,对于整个农产品同类市场的价格稳定起到了积极作用。

二是股份合作型发展模式。农户通过将自身的土地、劳动、资金等作价入股合作企业,或企业以自身资本、技术和品牌注入,与农户成立合作社,在双方能够共担风险,调动农民生产积极性的同时,加深了企业的参与度,形成更为紧密的利益结合体。这种模式的好处在于有一定机会放大农民的收益,除了通过自身劳动获得收入外,可以依靠大平台引导农户参与利润分红。

三是技术资本服务型发展模式。该模式依托规模型企业与专业合作社中的农户形成资本和技术层面的合作关系,农户按照企业标准进行生产,龙头企业根据实际需要向农户有针对性地提供资金帮扶和技术指导。

第二节 农特产品的品牌打造与营销渠道建设

上海市依托国际化大都市的优势,积极举办国际和国内大型农产品展销活动,帮助各地把农特产品推向全国和走出国门。上海市聚焦于农产品生产加工产业的服务配套环节,积极承办各类加工农产品的展销活动,助力特色农业产品品牌建设。主要通过积极承办各类跨境农产品展销活动,服务于周边区域乃至全国的农产品品牌建设。如先后举办了第20届中国农产品加工业投资贸易洽谈会,第15届中国国际农产品交易会,第16届印度尼西亚中国技术设备和商品展,美国芝加哥夏季特色食品展,德国科隆国际食品展览会,等等。截至2017年,已推动形成5个以上具有区域影响力的农产品公共品牌。

一、各省份农产品品牌打造的具体成效

中国部分省份主要通过"三品一标"和驰名商标创建培育农特产品品牌，还有部分省份通过举办各类农产品展销会提升本地农产品的知名度。

（一）"三品一标"的农产品认证

2017年，山东省的农特产品中"三品一标"的产品覆盖总数为7 904个；安徽省的农特产品中"三品一标"的产品覆盖总数为4 758个，湖北省的农特产品中"三品一标"的产品覆盖总数为4 403个，河南省的农特产品中"三品一标"的产品覆盖总数为1 588个，吉林省的农特产品中"三品一标"的产品覆盖总数为1 093个。

（二）举办各类农产品展销会

浙江省通过积极承办各类展销会提升本地特色农产品品牌知名度，例如，浙江省连续举办中国国际茶叶博览会、浙江农业博览会等展会，同时还发布浙江省知名农业品牌百强榜；安徽省积极承办和参与国内外的农业展销会，2017年成功举办安徽名优农产品暨农业产业化交易会。政府相关部门组织本地企业参加在上海举办的各类国内外农产品贸易博览会。同时，通过农业部在欧美市场的境外农产品展销中心进行水产品和茶叶制品展销。

（三）农产品区域公用品牌和驰名商标建设

山东省培育了鲁花、龙大、张裕、好当家、德州扒鸡、东阿阿胶等国内知名品牌，拥有36个省级农产品区域公用品牌和300个企业品牌；山西省有25家农产品加工企业获得中国驰名商标认证，7家农产品加工企业被认定为中国名牌产品，27家农产品加工企业入选"中华老字号"企业，300多家农产品加工企业获得省级著名商标和名牌产品称号，同时还拥有两个省级农产品区域公用品牌和20个山西省功能农产品品牌；陕西省拥有447家省级以上名牌产品或驰名商标的农业产业化龙头企业；河北省打造形成1 500个旅游农产品品牌和50个区域品牌，其中有21个省级农产品区域公用品牌；河南省有78个中国驰名商标，156个省级农产品品牌，其中20个为省级农产品区域公用品牌，同时还拥有207个地方知名农产品品牌，以及630家省级以上拥有名牌产品或著名商标的龙头企业；湖南省拥有179个中国驰名商标；四川省打造形成30多个省级农产品区域公用品牌；内蒙古自治区形成了伊利、蒙牛、鄂尔多斯、小肥羊等具有国内外知名度的农产品品牌。

二、产品营销的新业态与新模式

在农产品加工业发展过程中，涌现出一些产品营销的新业态与新模式，一些先行地区通过开展"线上线下"相结合的营销方式，有效地拓展了传统营销渠道的不足，将农产品销售潜力进一步释放。

安徽省大中小各类生产经营主体均开始探索尝试"互联网+农业"的经营模式。2017年，全省共有684个农业生产经营主体企业开始尝试农业互联网应用，有1 479个农业生产经营主体开展农产品电子商务。

山东省全省参与农村电子商务活动的农业生产经营主体达17万个，年农产品销售额超过500亿元。

湖北省龙头企业积极布局线上销售渠道，省级认定的电子商务示范企业占省级农产品生产加工龙头企业数的26.5%，培育了如良品铺子和周黑鸭等线上同行业销售冠军企业。

湖南省开展电子商务的农产品生产加工企业占比达63%，其中，自行建立线上销售部门的农产品生产加工企业占比达58%，在淘宝、京东、1号店等大型电商平台，设立自营店的农产品生产加工企业占比达35%。

内蒙古自治区开发了国内首个乳业大数据平台，同时探索大数据订单模式，实施内蒙古羊绒订单C2M试点项目。大型龙头企业如伊利和蒙牛的线上销售收入达到数十亿元，河套电商产业园的中小微企业也实现了5亿元的线上销售收入。

河南省加强农产品生产加工产业的信息化建设，已建立涵盖农产品生产、储存、加工、流通、销售等环节的"互联网+现代农业"综合信息服务体系。

河北省依托邻近大都市区的优势，积极组织河北的农业品牌进京开展营销渠道建设，线下将营销渠道下沉至社区，线上积极对接淘宝和京东等大型电商平台。在北京对接二商、首农、北菜等上千家社区店，建立了115个连锁直营店。比如，河北省张家口市依托"坝上蔬菜"的品牌效应，以加强农业信息化和设施农业建设为抓手，不断完善供应链，推动蔬菜种植业发展。在物流配送及终端销售建设方面，张家口市已初步构建了"大都市郊区配送基地+大都市区超市专柜+直销点"的都市区蔬菜产业供应链模式。目前已在北京昌平区、顺义区建成两个大型蔬菜物流配送中心，在北京超市设立蔬菜直销专柜97个、直销点118个。在信息化平台建设方面，已建立和整合市县两级农业综合信息服务网络站点，并在此基础上搭建京张蔬菜产销信息平台。目前京张蔬菜产销信息平台给农村经济组织和农民提供了丰富的生产经营信息，创新了设施蔬菜种植业的智能化管理方式，探索出设施农业和智能化技术融合的蔬菜种植发展模式。

三、建造乡村文化旅游

各地重视打造乡村文化旅游品牌，通过"一村一品"项目发展乡村休闲旅游，讲好乡村品牌故事。从各省份的乡村品牌建设情况看，2017年，山东省积极开展休闲农业与乡村旅游示范基地创建工作，累计打造10个省级休闲农业和乡村旅游示范县，22个生态休闲农业示范园区，20个美丽休闲乡村和20个齐鲁美丽田园；湖北省的农产品生产加工类龙头企业对休闲农业与乡村旅游业的带动效果较好，159家龙头企业带动全省休闲农业综合收入提升50亿元；湖南省创建600个全省"一村一品"专业村和200个全省"一村一品"专业镇，打造了52个全国"一村一品"示范村镇，参与经营各种类型休闲农业的农产品生产加工企业占比达48%；天津市共打造35个全国特色产业示范村，134个市级特色产业村；安徽省全省休闲农业和乡村旅游业的经营主体共计17 411家，共接待游客1.8亿人次；贵州省共计打造24个国家级休闲农业示范点（县），90个省级休闲农业与乡村旅游示范点，15家中国美丽田园，18家中国最美休闲乡村，同时1条乡村旅游路线被纳入中国休闲农业与乡村旅游十大精品路线。

第三节 乡村旅游业时空差异和资源闲置现象

旅游业本身是一个季节特征十分明显的行业，全国各地发展乡村旅游业的地区要面对季节性变化，这给乡村旅游业发展带来了周期性影响。结合对张家口市乡村的实地调研情况可从三方面分析。

一、时间维度

景观的季节性变化导致乡村旅游业时间上的互补性不足。张家口乡村旅游受季节因素的影响较大，国内一些依托自然景观而非人文景观发展起来的乡村旅游景点也面临这一问题。张家口乡村旅游淡旺季分明，在时间上的互补性明显不足。以草原天路为例，其景观随季节变化较大，春夏季景观最好，客流量处于一年中的高峰，而秋冬季节吸引力相对不足。针对这一情况，乡村旅游业的承租模式有待探索完善。淡旺季分化给乡村旅游业的开发、承租模式带来了一定挑战，承租周期如果以年为单位则会导致承租方的效益损失，如果以季度为单位则会减少村集体或农民的收入来源。这种淡旺季分化严重的地区需要旅游主管单位、村两委、村集体经济组织、承租方共同参与治理，多方协同探索合理的承租模式。旅游产品结构单一化，尚未在淡季推出新的旅游产品和内容，提升旅游业的季节互补性。

二、空间维度

缺乏旅游业总体规划导致乡村旅游业呈分散化发展态势。基于旅游总体规划的全域旅游发展格局尚未形成。一方面，张家口的乡村旅游缺少总体规划，导致景点在空间上整体呈散点状分布，众多珍珠缺少一根主线加以串联；另一方面，全域旅游发展相对不足，未能将乡村旅游融入城市大旅游格局中，也没能有效地将乡村旅游资源和首都旅游资源，乃至整个京津冀旅游资源进行整合营销。

三、资源的整合利用

宅基地闲置与民宿等旅游业发展用地不足现象并存。张家口部分乡村出现宅基地闲置与旅游业发展用地不足并存的现象。造成这种现象的原因在于农房管理制度缺位，一户多宅、一宅多户等问题在有的地区较为明显，同时闲置宅基地的户主，有的已经搬到城里居住生活，与其协商沟通不便，给宅基地置换带来一定程度的困难。目前乡（镇）、村一级都有将闲置宅基地置换为成规模生产经营用地的需求，如一些空心村的空置宅基地所处区位条件较好，可发展旅游业或其他服务业，但由于土地性质、农户自身等原因，未能得到有效利用，在一定程度上阻碍了乡村产业的发展。虽各地乡村振兴战略规划中的乡村治理部分提及要盘活利用农村集体建设用地，允许在符合法规和审批程序的前提下，利用1%~3%的治理面积从事旅游、康养、设施农业等相关产业开发，但尚缺乏明确地盘活闲置土地的具体实施办法。

第四节 小结

以农业为起点的上下游产业链培育打造问题，乡村旅游路线的整体规划问题，乡村旅游景点与农特产品差异化发展问题，乡村产业发展的要素供给问题，等等，是乡村产业融合发展与品牌打造绕不开的几个关键问题。地方政府能否准确把握这些问题，以及能否制定合理有效的政策方案加以解决，直接反映了地方政府的乡村产业治理能力高低。目前，国内乡村产业融合发展与品牌建设过程中还存在两方面的突出问题。

一、产业间的融合模式有待改进

产业间的融合模式问题表现为产业链条较短，辐射带动的相关农业生产环节有限，同时农产品的附加值普遍偏低。利益联结机制尚不够稳定，较为松散，合作方式相对单调，大部分地区仍采用订单制的合作方式，并且存在订单违约率较高的现象，以股份制合作的方式占比偏低。同时，乡村旅游业整体缺乏"一盘棋"式的合理规划，导致各地的乡村旅游景点不能很好地串联。目前国内乡村旅游的精品旅游路线相对较少，对非物质文化资源的挖掘不够深入，使得观光农业的差异化程度不高，同质化竞争效应较为显著，同时有些地区的观光农业发展不注重生态保护，造成资源环境恶化，引流效应逐渐减弱，形成恶性循环。此外，乡村旅游业发展面临的季节性差异问题还没有一个成熟的解决方案，现有的旅游景点经营权承租模式缺乏弹性，同时，由于缺乏盘活乡村闲置宅基地的具体实施办法，乡村旅游业发展与一些闲置资源的对接效率不高。

二、土地、资本和人才的要素瓶颈制约着乡村产业发展

国内大部分农村地区的优质生产要素供给相对匮乏。从用地的角度看，各种观光旅游度假场所用地、农产品生产加工基地、展销基地等永久用地都需要按照建设用地进行严格管理，同时，一些场地审批环节容易面临各种力量的阻碍，因此有些投资方仅持观望态度而不轻易进行项目投资；从融资的角度看，当前的乡村固定资产能够满足抵押贷款条件的优质资产很少，融资难现象较为普遍；从人才的角度看，乡村产业发展主要是依靠本地乡村能人带动，由于国内乡村普遍存在明显的乡土文化特点，外部人才要深度融入乡村存在一定挑战，同时由于发展空间相对有限，在一定程度上导致乡村产业发展整体缺乏专业性人才和复合型人才。

第七章 国内乡村治理的机制与模式

针对不同的乡村治理难点问题，各地在实践中探索总结经验，从国内的乡村治理经验看，上海市重点从深化改革角度，以土地整治激活乡村内生动力，通过重点项目整合社会资源，引入社会化创新力量参与新业态孵化[1][2][3]。浙江省杭州市依托党建工作创新议事协商机制，完善村民自治机制，有效解决基层治理与民主协商的难点、热点问题，同时把农村全域土地综合整治作为主平台和主抓手之一，解决乡村治理的资源和空间短板问题[4][5][6]。浙江省绍兴市诸暨县"新枫桥经验"是习近平强调的典型乡村多元主体参与治理模式，通过以党建为引领、以人民为中心形成共建、共治、共享的治理新格局，以善治为目标、创新乡土精英参与地方自治的基层治理模式，以预防为基点，通过乡规民约促进基层治理法治化，构建社会矛盾风险综合防控新体系，形成一套依靠群众就地化解矛盾的模式和方法[7][8][9]。浙江省桐乡市在全国率先开展自治、法治、德治合一的基层社会治理探索实践，通过党建引领、多主体协同和群众参与，形成"三治"良性互动、效应叠加的乡村治理格局[10]。

---

[1] 冯霞，文月. 关于上海实施乡村振兴战略的思考与建议［J］. 上海农村经济，2018（1）：9-12.
[2] 朱建江. 乡村振兴与乡村旅游发展：以上海为例［J］. 上海经济，2017（6）：17-24.
[3] 薛艳杰. 上海特大城市郊区美丽乡村建设的若干思考［J］. 上海经济，2015（9）：38-42.
[4] 龚上华. 农村党建嵌入基层治理：以杭州余杭区丁河村"党建+"引领议事协商为例［J］. 中共杭州市委党校学报，2018（1）：18-23.
[5] 娄火明. 浙江杭州 注重特点特质特色 加快美丽乡村建设［J］. 农村工作通讯，2012（23）：65-66.
[6] 葛彩虹. 城乡统筹背景下的美丽乡村建设：以杭州山区农村为例［J］. 淮海工学院学报（社会科学版），2014，12（2）：106-108.
[7] 郭星华，任建通. 基层纠纷社会治理的探索：从"枫桥经验"引发的思考［J］. 山东社会科学，2015（1）.
[8] 王斌通. 乡贤调解：创新"枫桥经验"的传统文化资源［J］. 山东科技大学学报（社会科学版），2018，98（2）：35-42.
[9] 尹华广. "枫桥经验"与调解法治化研究［J］. 行政与法，2015（2）：24-29.
[10] 姜晓萍. 基层社会治理的区域比较：成都与桐乡［J］. 党政视野，2016（7）：16-17.

广东省云浮市充分发掘乡土社会内生性的积极因素开展村民自治，以乡贤理事会作为探索农村事务自治的新平台，开创了以村党组织为引领，以村民自治为主体，社会组织为补充，协同共治的农村治理新格局①②。

第一节　乡贤参与治理模式

能人和乡贤以其能力、见识及文化程度容易获得村民认可。同时，能人和乡贤对本地乡风充分了解，对家乡特色及优势掌握全面，相对本地居民拥有更为广泛的域外人脉资源，是宣传介绍家乡的关键媒介。以浙江永康为例：一是永康市东衡村村两委通过积极搭建沟通平台，将在外乡贤引入乡村治理的具体事务中。在村里带头人的积极统筹下，构建了外出乡贤微信群、回乡商会等渠道。通过这些平台，外出乡贤了解到家乡发展过程中面临的具体问题，为家乡建起了全新的居家养老照料中心，还对环境整治、发展村集体经济方面捐资献计。二是芝英镇积极引导乡贤资本进村，乡贤认领了乡村"造血"项目。唐先镇长塘头村在外乡贤筹资用于发展家乡的乡村休闲农业和乡村旅游业等项目并参与完善村庄基础设施。

第二节　盘活闲置用地模式

一、上海松江区宅基地置换模式

上海松江区宅基地置换模式是通过引入大的建设开发公司，代替镇政府办理拆迁、中心村建设、土地复垦、节余土地招标出让等全套工作。具体做法是：先确定宅基地置换对象（以行政村为单位），然后编制置换方案（包括土地整理复垦方案、宅基地置换资金平衡方案等），方案报批后与农民签订置换协议，并进行中心村建设。农民入住后需要拆除原宅基地上的房屋并复垦，最后通过节余土地的出让实现资金平衡。宅基地置换后农民获得了城镇户口

---

① 张露露，任中平. 乡贤理事会对我国农村治理能力现代化的推进：以广东省云浮市为例 [J]. 南阳师范学院学报，2015（8）：1-5.

② 徐勇，吴记峰. 重达自治：联结传统的尝试与困境：以广东省云浮和清远的探索为例 [J]. 探索与争鸣，2014（4）：50-53.

和城镇社会保险，与此同时不再拥有原有承包经营的土地（见图7-1）。

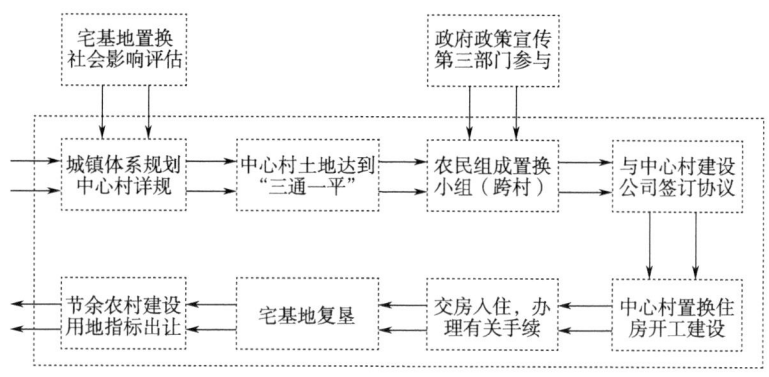

图7-1　上海松江宅基地换新模式基本流程

（一）改革宅基地使用制度

一是改变统一按户籍地建房的政策。在原来的政策制度下，不同村集体的农民只能在本集体的土地上申请建宅。松江区的试点乡镇尝试打破宅基地分村审批制，建立全区统一的农民宅基地审批机构，并从满足农民向城镇转移需要、减少人户分离矛盾出发，调整空间结构，解决异地安居问题。

二是建立农民宅基地使用权流转制度。原有的农村宅基地使用权的流转，仅限定为村内集体经济组织之间，这种规定基本上禁止了宅基地使用权以及农宅的流转。建立农宅流转机制有效盘活了当地的闲置建设用地资源。

（二）建立宅基地置换的标准与规范

宅基地置换中的各种通知、契约、合同必须规范，参照《上海市城市房屋拆迁行政裁决若干规定》制定；购房合同参照《商品房买卖合同示范文本》制定；此外，还对宅基地置换工作的监督、评估进行规范，特别是加强了对中心村建设公司的财务审计。

（三）制定宅基地置换节余土地开发权流转办法

宅基地置换节余土地作为建设用地进入市场，不仅解决了中心村建设公司的资金平衡问题，还有效释放了闲置土地的潜在价值。节余土地开发涉及行政村集体、中心村建设公司、镇级政府等方面的利益，如果根据谁投资、谁受益的原则，则应该由行政村或中心村建设公司自主开发。但由于土地利用规划、城市规划的限制，节余土地在行政村内就地开发很可能导致布局散乱、配套缺失等问题，因此松江区试点乡镇制定了宅基地置换节余土地开发权流转的实施办法，鼓励和推进节余土地建设指标的流转，让节余土地开发权异地购买、异地开发，实现土地的优化利用。

二、浙江省嵊州市"三方共建"模式

浙江省嵊州市"三方共建"模式是由政府相关部门（土地整理复垦中心）、村集体经济组织和村民三方共同出资、共同实施的一种农村居民点整理模式。该模式开创性地建立了折抵指标异地调剂制度，对浙江省农村居民点整理的开展具有重要促进作用。具体运行流程为：第一，农村集体经济组织在村民的同意下，向市政府相关部门（土地整理复垦中心）申请开展宅基地复垦；第二，土地整理复垦中心负责审查其在村庄规划、项目规划、工程实施以及补偿发放等方面的准备条件，审核通过后确认项目立项，向其拨付启动资金；第三，农村集体经济组织负责动员村民自行拆除旧宅，发放拆除旧宅补偿金，组织宅基地复垦为耕地工程的招投标；第四，项目竣工验收后取得的土地整理折抵建设用地指标由市土地复垦中心按照规定的价格收购，项目整理后形成的耕地必须落实承包人，不得抛荒（见图7-2）。

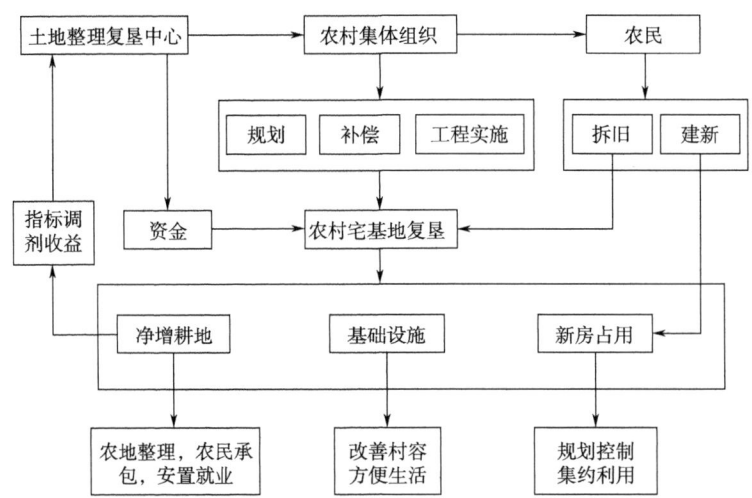

图7-2 浙江省嵊州"三方共建"模式运行示意图

（一）跨区县折抵指标的调剂

1998年，浙江省出台《关于鼓励开展农村土地整理有关问题的通知》（浙政办发〔1998〕91号），正式开展土地整理；1999年出台《关于加强土地整理折抵指标使用管理的通知》（浙土发〔1999〕235号），规定经上级土地行政主管部门批准同意的辖区内县际调剂的土地整理折抵指标,由省土地行政主管部门凭批准的协议和双方资金交割凭证,在有关双方各自《浙江省农村土地整理指标账册》上直接进行指标划转;此后在《关于加强易地垦造耕地管理工作的通知》(浙政办发〔1999〕132号)、《关于进一步做好跨县(区、市)易地有偿代保基本农田和申请保留规划建设占用耕地指标工作的补充通知》(浙土资发〔2002〕42号)、《关于建设用地复垦周转指标管理的若干意见》(浙土资发〔2001〕263号)、《关于建立土地整理折抵建设用地指标统筹制度的通知》(浙土资发〔2003〕46号)、《关于省土地整理折抵建设用地指标统筹制度运作的补充意见》(浙土资发〔2003〕86号)等文件中,逐步建立了浙江省土地整理统一管理的土地整理折抵建设用地异地调剂制度体系。

(二)有弹性的宅基地置换管理办法

实施退宅还耕可按还耕土地面积等量取得置换指标;置换指标优先满足本乡镇、街道范围内有偿调剂使用;当乡镇、街道不需要时,由市政府统一收购储备;退宅还耕项目经批准立项后,能在当年完成的,可获取30%的用地启动指标,主要用于置换工程中兴建道路、公共设施;如果置换工程不需要占用耕地、不使用折抵指标的,可以优先预支30%的启动指标调剂费,用于宅基地整治工程。拆除建新后多余宅基地可建养老院,也可公开转让给个人或单位使用等。

第三节 网格化综合治理模式

江西省上饶市永平镇运用精细化乡村治理模式解决了公共服务"最后一公里",公共服务职能如何送达村民家门口,如何用信息化手段支撑公共服务,社会管理的自治功能如何造血等问题。

一、建设综治中心

运用线上整合方式将多部门力量整合到统一平台上。村综治中心是直接联系服务群众,具体落实社会治理任务的操作性工作平台。一是全镇各村级综治中心把便民服务和综治维稳整合到一个平台,按照综治实体化的建设要求,因地制宜地设置综治室、纠纷调解室、警务室、心理咨询室和便民服务窗口。二是协调推进"雪亮工程"建设,全镇每个自然村的重要路口和人口聚居地均安装了探头，留有接口方便纳入平安之家系统，实现综治工作可视化；所有探头可通过指挥调度平台进行实时监控，通过人防和技术设备防控，有效预防和减少各类案件发生，提高群众安全指数。三是利用上饶公众平台打造的线上综治中心，与线下实体功能相结合，构建了"线上预约、线上线下双处理"的工作模式。

二、依靠减少管理层级和明确的权责划分提升治理效率

在组织架构方面，全镇各个行政村均已按照"边界清晰、全域覆盖、规模适度、功能完整"的原则划分网格。在人员构成及权责安排方面，管理员由镇班子成员担任，负责受理、流转、处理、结案工作。网格员基本由村干部担任，利用平台负责问题发现、信息采集、联络社情、治安巡查、调处纠纷、便民代办、宣传政策等工作。专职工作人员由镇站所负责人兼任，负责受理、上报、交办属于本职能范围内的工作。建立了督办协调机制和考核奖励机制，督促激励网格员、各站所做好事件流转处理，整个社会管理系统呈扁平化，整体实现了部门之间的共建、共享和共治。

第四节 基层人员保障模式

河北省张家口市康保县在长期实践中，针对乡村治理面临的具体问题，探索总结出适合于区情的治理模式与经验，尤其是在基层领导干部的组织培训及激励机制建设，以及对基层群众的公共服务、就业保障服务方面。

一、加强对一线人员的激励及培训建设

加强对一线工作人员的激励及培训建设体现在两个方面。

首先，在基层领导干部的机制建设方面，康保县本着"一线考察、注重基层"的原则，建立了有利于激励一线领导干部的人员晋升机制。2019 年，康保县从一线提拔使用的领导干部占当年提拔领导干部总数的 87%，对于稳定一线"人心"，释放基层领导干部活力起到了积极作用。

其次，在基层领导干部的培训机制建设方面，康保县倡导"请进来、走出去"的原则，对全县的基层领导干部开展培训。一是注重基层领导干部的外出交流。2019 年已先后组织多批次，共计 122 名基层领导干部到福建宁德、浙江杭州等地培训学习。二是注重培训实效。康保县每年坚持对乡科级干部、村"两委"干部、驻村干部开展轮训，培训内容以乡村治理的实际问题为导

向。通过培训，基层领导干部服务群众的意识得到加强，化解矛盾的能力和水平得到提升。

二、探索乡村治理的智能化解决方案

康保县针对乡村治理的具体问题探索智慧化的解决方案。一是通过"二维码"实现扶贫信息档案的录入及管理，为乡村精细化治理奠定信息基础。贫困群众和在外子女可以通过扫描"二维码"及时查阅帮扶信息，工作人员也方便调取相关信息查看脱贫进度，提高了扶贫工作效率，减轻了基层干部的负担。二是康保县依托信息科技公司探索开发了"智能就业服务系统"，提升了对基层群众的就业服务保障效率，助力基层群众的精准就业。通过开发"智能就业服务系统"，改善了企业与就业群众间的信息不对称局面，保障5 800多人次转移就业，形成了以转移就业、本地就业为主，公益性岗位为辅的就业扶贫保障模式。

三、加强乡村公共服务保障机制建设

乡村公共服务保障机制建设主要体现在以下方面。

首先，在基础教育保障方面，康保县全面落实"两免一补""三免一助""雨露计划"等政策，累计投资7 500万元以保障朝阳希望小学等工程的顺利开展。目前，康保县已有2.5万多义务教育适龄儿童享受到教育扶贫政策，同时，康保县还实现了义务教育阶段零辍学的目标。

其次，在基础医疗保障方面，康保县全面落实三重报销、先诊疗后付费、一站式报销等政策。同时还探索实施"乡聘村用"村医招聘方式，破解乡村医生老龄化问题。通过定期组织开展健康扶贫活动，有效拓展了基层群众的医疗健康保障服务覆盖面，已有16万基层群众享受到健康扶贫医疗保障服务。

最后，在集中安置区的群众生活服务保障方面，通过在康保县城集中安置区成立党工委，统筹协调建立起集就业保障服务、便民服务、医疗保障、物业服务于一体的"服务中心"，确保了异地搬迁群众的生活质量。

第五节 "三治"协同治理模式

依托乡村法治、引导村民共治、推进移风易俗、建设文明乡风是实施乡村治理的一项重要工作。张家口市康保县在乡村治理的实践过程中，积极探索法治、自治、德治相协同的治理模式。

一、依托法治建设"激浊扬清"

首先,在基层领导干部的廉政治理方面,康保县进一步规范了公益性岗位的设置流程及低保户的评定流程;重点整治截流扶贫资金、吃拿卡要基层群众、强占村集体资产等行为;改进完善信访工作制,建立了"初访清零、交访速办、回访问效"工作机制,信访积案得到有效化解;在生产安全、食药安全、舆论管理、非法集资等领域构建了常态化风险排查机制,防止重大事故及群体性事件发生,确保乡村社会的稳定。

其次,在社会治安维稳法治建设方面,康保县检察院通过高压式、常态化的治理手段对基层黑恶势力进行深入盘查和整治。康保县检察院领导亲自挂帅,分批次在全县326个村开展全覆盖式扫黑除恶整治行动。组织干警下沉到最基层,收集涉黑线索,严厉惩治涉农刑事犯罪,健全和完善农村治安防控体系。

最后,在对基层的普法教育方面,康保县检察院通过"检察官工作站""法治副校长""检察开放日""法制进校园""木兰有约"等形式多样的普法途径,加强基层群众的维权与维稳意识,营造良好的基层法治生态环境,扫除基层法治"盲区"。

二、依托德治建设规范乡风文明

在引导基层群众自我管理方面,康保县持续推进社会公德、职业道德、家庭美德、个人品德建设,不断增强群众的社会责任意识、规则意识和文明意识。

在拨正价值取向、弘扬传统美德方面,康保县强化典型引领,坚持精神表彰与物质奖励并重,组织开展"最美康保人""我为康保做贡献"等活动,树立了创业成功反哺家乡的女企业家郝常珍,20多年扎根基层安贫乐教的少数民族乡村教师宋彦玲等典型人物,用身边人、身边事增强广大群众热爱康保、奉献康保的主人翁意识,提升了康保县的乡风文明建设水平。

三、依托村民自治"移风易俗"

陈规陋习已经成为新时期农村发展、乡村振兴的一大障碍。康保县把推进移风易俗作为乡村有效治理的重要抓手,通过广泛开展"除陋习、树新风"活动,制定出台《康保县文明行为促进条例》《康保县关于推进文明殡葬促进移风易俗的若干规定》《关于严禁燃放烟花爆竹的紧急通告》等文件。充分发挥党员干部的带头示范作用，全面整治婚丧陋习、厚葬薄养、随礼攀比等不良风气，集中曝光高空抛物、破坏公共设施、随意倾倒垃圾、车辆乱停乱放等不文明行为。

第八章　国外乡村治理的模式与经验

通过对国外乡村治理的模式与经验进行梳理发现，从正面经验看，日本造村运动倡导因地制宜整合与开发本土资源，重点推行"一村一品"模式①②③。韩国新村运动重点通过提升农民增收多样性解决农村问题，同时开展半城镇化地区复兴计划实现乡村治理④⑤⑥。德国通过科学统筹、法律保障、规划控制、土地管理、公众参与和市场化运营等综合手段进行乡村治理，治理过程中注重动态调整治理目标、治理方式和治理手段⑦⑧。荷兰农地整理从整合农村资源角度促进农村发展，以达到规模化和专业化的组织经营效益⑨⑩。法国农村改革主要实行以工补农的模式，通过国家整体规划，加强了各部门之间的协同联动效率，较好地整合了各部门的优势资源，共同致力于推动乡村社会的发展。美国遵循城乡互惠共生原则，通过城市带动推进乡村小城镇建设⑪⑫。加拿大通过制度建设搭建各主体间的对话渠道，引导多主体

---

① 颜毓洁，任学文. 日本造村运动对我国新农村建设的启示 [J]. 现代农业，2013 (6)：68-69.
② 韩秀兰，阚先学. 日本的农村发展运动及其对中国的启示 [J]. 经济师，2011，269 (7)：78-79.
③ 平松守彦. 一村一品运动 [M]. 上海：上海翻译出版公司，1985.
④ 杨豪. 新农村建设，中国乡村的必由之路 [J]. 农村实用技术与信息，2006 (5)：42-43.
⑤ 黄建伟. 公共政策视野中的和谐社会问题研究综述 [J]. 地方治理研究，2009，11 (2)：9-14.
⑥ 陈昭玖，周波，唐卫东，等. 韩国新村运动的实践及对我国新农村建设的启示 [J]. 复印报刊资料：农业经济导刊，2006.
⑦ 常江，朱冬冬，冯姗姗. 德国村庄更新及其对我国新农村建设的借鉴意义 [J]. 建筑学报，2006 (11)：71-73.
⑧ 王宏侠，丁奇，WANG，等. 德国乡村更新的策略与实施方法——以巴伐利亚州 Velburg 为例 [J]. 艺术与设计（理论），2016.
⑨ 沈费伟，刘祖云. 发达国家乡村治理的典型模式与经验借鉴 [J]. 黑龙江粮食，2017 (12)：48-51.
⑩ 廖蓉，杜官印. 荷兰土地整理对我国土地整理发展的启示 [J]. 中国国土资源经济，2004，17 (9)：25-27.
⑪ 范昊，景普秋. 自由延展、城市区域与网络共生：欧美城乡关系演进动态及其比较 [J]. 城市发展研究，2018，25 (6)：92-102.
⑫ 孔祥智. 美国农村小城镇的发展 [J]. 中国改革，1999 (7)：62-63.

参与乡村治理。该模式中,政府通过协调各部门之间的关系,积极搭建各部门与村民的沟通渠道,与村民形成了真正意义上的合作伙伴关系,提高工作效率的同时降低政府行政成本[①②]。

从反面经验看,治理不当的典型案例是拉美国家城乡融合过程中的贫民窟问题[③]。本章对国外乡村发展各个阶段的精准立法、产业组织化发展、乡村旅游业整治等方面的成熟经验进行总结分析。

第一节 英国伦敦市的旅游整合与立法保障

经过近一个世纪的发展,伦敦市的城市和乡村已高度融合,其乡村治理主要从全域旅游开发、规范民宿管理、建立第三方评估机制、加强法律保障等方面展开。

一、统筹打造乡村旅游

依托国有旅游开发集团串联式开发乡村旅游资源。

依托大型旅游集团进行全域旅游开发,整合和规范乡村旅游市场。主要是以英国东南乡村旅游集团(TSE)为整合载体,地方政府配套一定的资金。英国东南乡村旅游集团通过统筹规划的发展模式,逐个"串联"乡村旅游"孤岛",实现了伦敦郊区乡村旅游业的特色化、差异化、品质化发展。具体措施为:

一是打造精品路线。针对地理位置紧密相连且旅游资源具有互补特征的乡村,集中打造距伦敦车程1~2小时的旅游景点线路。

二是塑造一村一品。各乡村均保留其独一无二的特色,通过景点细分形成互补式的发展格局。

三是丰富业态模式。统筹开发形式多样的乡村旅游产品,包括乡村观光旅游、体育旅游和商务旅游等,延长游客逗留时间,同时在一年四季推出各式各样的活动、节庆和展览,包括工艺品市集、农品市集、各式各样的音乐节、徒步节、科学节、荒野节等,提升人气。

---

① 赵青. 加拿大:村民参与农村重建决策 [J]. 乡镇论坛,2006 (22):24.
② 郭亨孝. 加拿大农村现代化之路与中国农村发展 [J]. 农村经济,2006 (12):124-127.
③ 钟顺昌. 城市化问题透视:中国的城中村与拉美的贫民窟之类比 [J]. 新西部(理论版),2012 (Z3):243-244.

二、规范民宿管理

通过管理制度建设，保障伦敦周边乡村民宿业的服务水准。伦敦周边乡村民宿业长期位列 Trip Advisor 公布的全球民宿排名前列，以 2017 年为例，前十名的民宿中有 5 家英国民宿，其中有两家是伦敦市郊乡村民宿。伦敦市郊乡村民宿业的成功经验在于：

一是制定民宿分级制度。由英国观光局参照旅馆认证的方式对民宿制定审查标准，并对乡村民宿进行认证和分级，由各区、各郡的观光局执行审查。依据民宿的硬件设施和软件条件（如地毯质量、窗帘及房间色调，起居室空间、服务等）将乡村民宿分为 4 级，依次为登录（Listed）、1 冠（1-Crown）、2 冠（2-Crown）及 3 冠（3-Crown）四级。民宿必须获得核准评级才能对外经营，且在正式运营前，要经过行业协会的卫生、服务、管理等培训。此外，市、区、郡政府每年对乡村民宿以不预先通知的方式进行随机审核，以保障民宿质量和服务水平。

二是严格规范民宿。英国观光局编制了《粉红书：旅游住宿经营法规》小册子，详细介绍英国经营民宿的各种规定，包括消防设施、室内改装许可、食品卫生查核、防火设施建设、民宿出售酒精类饮料需要专门许可等，每位民宿经营者都必须读懂吃透，如有任何疏忽，将面临停业整顿的风险。

三是提供民宿经营咨询以及训练课程。伦敦市郊乡村（如肯特郡、白金汉郡等）每年都有为民宿经营者提供的相关培训，以使他们更好地适应不断变化的市场需求，其内容包括农场住宿设施、环境维护、旅游顾客需求了解、插花园艺、厨艺提升、基本医疗知识等，肯特郡还设立了专门的培训联盟，其成员包括农政、观光、农业推广组织、大学、志愿者组织等。

三、完善评估机制

中国的乡村治理成效评估多是针对政府官员的政绩考核，英国在这方面则引入第三方评估机构对乡村治理成效进行评估，并且英国的《乡村法》赋予并确保了第三方评估机构（乡村委员会）的独立评估职能。评估的主要内容涉及三方面：一是能否提供完善的乡村基础设施和公共服务；二是能否保护并改善乡村景观和人文景观；三是能否保障和满足伦敦市民和国际游客到乡村休闲娱乐的需要。此外，评估机构同时也针对存在的问题提出改进意见和措施。

四、加强制度保障

英国乡村发展和环境保护法规极具独创性和前瞻性,《城乡规划法》(1947年)、《国家公园和享用乡村法》(1949年)、《绿带建设法》(1955年)和《乡村法》(1968年)等均为世界首次提出。此外,《乡村供水和污水处理法》(1944年)、《农业法》(1947年)、《河流环境保护法》(1948年)、《食品与环境保护法》(1985年)、《房屋与规划法》(1986年)、《农场与乡村发展法》(1988年)、《自然环境与乡村社区法》(2006年)、《规划政策条例：乡村地区的可持续发展》(1997年)等不断修订完善的法律,构成了英国乡村发展建设管理的政策法规体系。各项法规相互配合、与时俱进,侧重点由最初的农业发展、基础设施建设、环境保护转移到提升乡村品质和公共服务水平,分阶段推进乡村保护和发展。以乡村文化风貌保护为例,在出台的《规划政策条例：乡村地区的可持续发展》中,对乡村建筑与周围环境的协调,对具有考古价值和历史价值景观的保护,以及房屋建筑风貌、色彩等都有明确规定。依托于国家层面完善的乡村发展和环境保护政策,伦敦市郊各个郡的规章也对所辖乡村进行细化的管理。如萨里郡要求村庄中的古树、碎石墙、片石房、木头房等都需完好地保存,体现出"不因建设而毁坏,不因立新而破旧,不因富有而丢弃"的理念[①]。

第二节 法国巴黎市的现代农业与文化元素

法国巴黎大区乡村发展经历了四个阶段：第一阶段(1950—1970年),推进农业农村现代化；第二阶段(1970—1980年),重视保护乡村生态环境和乡村文化；第三阶段(1980—2000年),伴随着地方分权和欧盟资金的介入,巴黎市郊乡村开启了更为全面的乡村复兴计划,包括设施服务、产业发展、住房供给、乡村文旅、推进市镇联合体发展五大方面；第四阶段(21世纪以来),巴黎市郊乡村的发展思路已经从"补短"到"取长",注重挖掘乡村的自身优势与发展潜力,实现差异化的特色发展。目前,巴黎市郊乡村整体上呈现服务设施便捷、农业功能多样、生态环境优越、乡村文化凸显的特点。其中,现代农业、乡村文化、乡村旅游、合作社组织、人才培养等方面

---

① 那鲲鹏,苟天来,方丹. 国际复合型首都乡村振兴经验研究及对我国首都乡村治理发展对策建议：以伦敦,巴黎,东京市郊为例[J]. 小城镇建设,2019(9)：55-61.

对中国农村具有借鉴意义。

一、现代农业

大巴黎地区的农业一直围绕着如何满足巴黎城市居民不断增长变化的需求发展。从各时期的农业发展侧重点看，1960 年，巴黎市郊农业政策开始强调规模效益，实行小型家庭农业的合并，减少农场数目，扩大组织规模。1970 年之后，大巴黎地区更强调生态农业以及保护城市郊区农业空间，1976 年，《大巴黎城市发展规划》的颁布是巴黎市郊传统农业向生态农业转型的起点。1990 年以后，更加注重与巴黎都市区临近的都市农业的发展。2014 年的《大巴黎 2030 计划》中，将都市农业作为促进城乡融合，加强景观与环境的连续性，为都市人群提供多种休闲服务功能的重要载体。归纳总结大巴黎地区农业的发展经验，就是实现了政策推动和实践引导相结合。

（一）自上而下政策推动

巴黎大区政府出台多项措施鼓励绿色生态农业发展，例如，设立绿色未来基金、对从非绿色农业向绿色农业转变的农户提供免税等优惠待遇；在生态农产品消费方面，巴黎大区政府强制要求所有食堂和餐厅菜谱中至少有 20% 的绿色食品。此外，欧盟农业共同政策规定的"30% 的农业补助资金用于鼓励绿色种植"，以及"鼓励多样化间种、轮作、规定离水源 5 米之内不能耕种"等规定也对巴黎市郊生态农业的发展起到了积极的作用。

（二）自下而上实践引导

巴黎大区都市农业的发展实践也助推了国家层面的政策出台，如 2016 年《都市农业操作引导手册》的出台。巴黎大区的都市农业最初以为民提供新鲜、卫生的农产品为主要功能，后来逐渐演化成兼具生产、生态、生活、示范、教育等多重功能。具体实践过程中出现几种典型模式：

一是家庭农园模式。农园一般设在距市区较近，交通、停车相对便利的地方，主要是向市民提供休闲体验活动，租种农园的市民，需要加入家庭农园协会，交纳入会费，并按面积交租金；如需委托农园主代为耕作，还需要另付费用，成为农园主的增收渠道之一。

二是单位农园模式。社区和大型企事业单位都是都市农园的重要客户群体，既能满足他们农产品供应的需求，还能进行内部使用，进行社会文化交往和定期举办娱乐休闲活动。

三是教育农园模式。这类项目一般由政府、高校作为经营主体，很多是学校的附属农园，兼具实验功能，通过组织会议、演示、课程培训、科普学习等为市民提供农业知识和休闲场所。

在这个过程中行业协会及相关组织起到了很大的助推作用。巴黎大区的园艺组织、家庭农园协会很早就开始实践建设社区服务型都市农业，主要针对社区进行农产品直供，为其提供休闲社交场所。2005年开始，巴黎大区民间自发形成的12个农业协作组织，被政府命名为"都市农业项目"。2007年成立的都市农业发展与支持组织，是关注农业、自然与生态一体化研究的非营利平台，也是引导巴黎大区都市农业项目的重要机构。2014年该组织建立了都市农业与生物多样性工作营，对巴黎市郊都市农业项目进行登记和监测，对不同类型的都市农业进行分类规范管理，并为项目运营主体提供技术支持和交流平台，形成都市农业项目建设良性环境，进而促进政府相关政策形成，引导都市农业发展。

二、文化元素

法国既是农业大国也是文化大国，从19世纪70年代起乡村文化发展即受到重视，政府通过深入挖掘当地文化资源促进旅游业态发展，进而有效保护乡村特色景观与文化遗产。

（一）保护历史遗存与自然村落

巴黎大区科学合理地开发乡村地区周边的古堡、古城等历史文物遗迹，如塞纳·马恩省的枫丹白露城堡、维孔宫城堡、尚叙尔马恩城堡，以及普罗万（Provins）等中世纪古城，精心保护古老的堡垒、塔楼和地下城等建筑风貌，推动普罗万中世纪主题文化项目等活动。建立自然保护区，在保护自然遗产的同时保护传统自然村落，乡村的建筑风格、空间布局和整体氛围沿袭着独特的历史，在整体上保持了传统建筑特征和乡村人文特征相融合的村庄形态布局与建筑风格，并且提炼庄园文化、教堂文化等农村独具、农民认同、值得继承和弘扬的地域文化元素，并应用到农民的生产生活和特色田园乡村建设中。

（二）文化意象的挖掘和传承

发展乡土色彩和地方特色浓厚的乡村非物质文化，提高农民对于其从事的行业与自我身份的认同感，促进其致力于农产品生产、加工工艺的传承和品质的改善、塑造，尤其是传统技艺。搭建民谣农谚、传统手工绝活、民俗节庆等展示平台，不断加强民间技艺、村风民俗、农耕文明的保护和利用，在"手工业企业装备奖金"激励下全面恢复地方手工业。此外，法国印象画派留存的艺术历史文化资源，在巴黎乡村地区得到长期彰显，郊区的巴比松

(Barbizon)、奥维尔（Auvers-sur-Oise）、阿让特伊（Argenteuil）、蓬图瓦兹（Pontoise）、莫雷（Moret-Sur-Loing）等作为印象画家群聚绘画的地点，留下了厚重的文化印记，各村镇通过修建画家雕像和纪念碑，以及保留和修复当时画作场景等方式，传承独具法兰西文艺风情的浪漫文化。

（三）政府出台保障和激励措施

文化政策从单一的物质文化遗产保护发展为集文化设施完善，文化遗产保护，人文景观规划，文化项目开发于一体的乡村文化战略。例如，《农业指导法》和《农业指导补充法》在区域自然公园内划定乡村历史建筑和文化遗产保护区，并进行专项拨款支持，同时实施"乡村文化路线"保护，制定乡村小遗产的识别、保护和价值提升指导手册；《领土规划与发展指导法》以法律形式指明了乡村复兴区的文化战略，引导和培育"以人为本"的乡村特色文化项目，包括发布地方政策鼓励艺术家到乡村发展文化事业、举办音乐节、与民间协会和专业公司合作运作乡村文化项目等；在村镇和乡村地区建立"建筑、城市与景观遗产保护区"，注重挖掘历史文化村镇内乡土特色的构成要素，结合当地历史背景塑造特色文化意向，对乡村地区传统民居的维护修缮提供经费资助；以"国土整治干预基金"和"乡村开发整治干预基金"等国家资助方式，补贴乡村文化遗产保护等小型项目。

三、乡村旅游

从20世纪70年代开始，巴黎开始发展乡村旅游，经过几十年的探索，已经形成了较为完善的经营、管理模式以及系统的行业标准和规范。

（一）法律法规和财政层面的大力支持

法国乡村旅游的经营主体是所有的农业开发者和乡村居民，而非外来投资商。乡村旅游一直在政府的主导下发展。1962年，法国政府颁布的《马尔罗法》中制定了保护历史性街区的法令，确立了保护历史街区的新概念，保护区内的土地使用以及设计受到一定的管制，指定区域内、外部的变动都受到地方委员会以及法国建筑师的监管，使古建筑得以保护，促进了乡村旅游的发展。1974年，法国政府颁布的《质量宪章》对民宿的住宅质量、服务质量和周围环境都制定了严格的规定和标准。另外，"法国家庭农舍"品牌机构根据相关标准制定了"一枝麦穗"至"五枝麦穗"的评定等级，为游客的选择提供参考。按照规定，达到"三枝稻穗"标准且10年中每年开放6个月的旅馆可得到政府的财政补贴，补贴为修缮金额的10%~30%。法国餐饮的增值税仅为5.5%，并完全取消旅馆和餐馆的职业税。

（二）注重本土性和特色性

巴黎农民充分挖掘自身的优势，打造独具特色的本土体验项目。例如，提供饭店餐饮的农庄，餐饮必须使用当地生产的农产品，必须使用本地的烹饪方法，农庄外观须遵照当地风俗，餐具应使用粗陶、瓷器等代表性材质。农会常设委员会与农业及旅游接待处制定了严格的乡村旅游管理条例，促进本土农产品直销、特色化经营，避免同质竞争。

（三）充分发挥行业协会的作用

巴黎乡村旅游实行"农户+协会+政府"的联动机制，农户作为供给主体，利用农业资源为旅游者提供观光休闲、度假服务；协会在政府政策范围内制定行业规范、制度以及质量标准，以达到行业自律。协会作为联系桥梁，从事项目规划、募集，发放资金资助，并提供宣传工作，充分发挥助推作用；政府作为宏观调控者，注重政策及外围的作用。

（四）构建完善的营销体系

目标市场定位在周边省份、国内大城市以及周边国家大城市，针对目标市场对本土的旅游产品需求进行推广。一方面，通过互联网建设自己的网站，与旅行社开展合作，扩大销售范围，利用报纸、杂志等媒体进行营销，吸引客流量；另一方面，注重与客人的沟通交流，通过会员卡、邮件宣传以及高品质的服务留住客源。

四、合作社组织

农业合作社是巴黎市郊农业生产与农产品流通的中坚力量。目前，巴黎市郊的农业合作社主要有生产性、流通性、农业信贷和技术指导服务四种类型，其作用主要表现为：负责收购农副产品；在信息、科技、培训等方面积极为农户提供服务；提高农户组织化程度，保护农民利益；为农户取得贷款融资提供方便。农业合作社与巴黎市郊的家庭农场之间形成了独立、合作的双层经营结构，家庭农场负责农业种植和生产，合作社则主要负责在产前、产中提供农业生产服务，产后负责运输与销售。一些农业合作社还会组成更大范围和规模的联合社，以确保为社员提供更全面、有效的服务。

五、人才培养

巴黎大区的农业高等院校和中等技校都有关于农业工人、农业技师、农业科研人员等的培养课程，有自己的实验基地、实验室和操作车间，培训大纲中重视实践能力的培养，实践课时占总课时的1/3，半数左右农业院校与农场建有直接联系。同时，院校经常承担短期高等农业技术教育和培训，根据社会需求与合作社、农场和企业需求确定成人培训的内容，确保培训质量达到社会满意标准。在国家层面，要求农民必须接受职业教育，取得合格证书后，才能享受国家补贴、优惠贷款和具有经营农业的资格。此外，农民每年还需接受两周的培训①。

第三节 日本东京市的城乡互动与农协组织

日本东京都市圈内乡村振兴和乡村建设采用了新的理念和做法，如超越了原先单纯发展经济的思维模式，通过国家层面宏观法规和组织体系建设，开展"一村一品"、都市农业等运动，改变以政府为主体的地方建设和乡村经济等，充分发挥农民主体地位，使乡村建设更加发自民心，植根于乡土。

一、城乡互动

东京市郊乡村农业发展理念强调城市与农村的融合。如"协同组合住宅""体验农园""农村妇女创业""优良田园住宅"等项目在日本全国逐渐推广。有不少民间组织积极投身促进城乡交流的工作中，如财团法人都市农山渔村交流活性化机构，100万人回归故乡推进循环运动支援中心、都市与农山渔村的共生对流关联团体联合会，等等。这些机构主要是促进农村居民与城市居民的交流，如举办各类农业讲座，组织城市居民到农村体验农村生活和农业劳动。还有的专门瞄准退休人群，提出回故乡去生活的口号，吸引20世纪五六十年代进入大城市谋生的退休人群返回故乡。

通过城乡之间缔结姐妹关系实现乡村振兴。如东京市郊群马县川场村曾在1971年被日本政府认定为"过疏区域"（为人口与户数锐减，地域老龄化，经济萎缩，生活信念低落等）。为了摆脱困境，川场村于1981年与东京都世田谷区结为姐妹关系，并由世田谷区和群马县政府出资设立公益性企业运营管理"世田谷区民健康村"，其主要工作是完善设施建设和丰富活动组织，健康村不仅成为城市居民来此疗养的居住地和参与各种自然体验活动的大本营，也是川场村农产品与手工艺品的销售场所，其本身形成了城市居民了解乡村的重要窗口。随后，通过开办森林教室、农业教室、木工教室等，开展山村

---

① 那鲲鹏，苟天来，方丹. 国际复合型首都乡村振兴经验研究及对我国首都乡村治理发展对策建议：以伦敦，巴黎，东京市郊为例 [J]. 小城镇建设，2019，37（9）：55-61.

留学活动以及苹果树认种制、梯田认植制、宿营等富于创意的活动，开展全方位的城乡交流。此外，区政府经常组织区民众到川场村观光旅游，川场村民则通过周末在世田谷区的公园、超市以及各种节庆活动中举办川场村物产展示销售会，为世田谷区居民提供安全、放心的农产品，进而打造本地品牌农产品，观光业也得到了很大发展。

二、品牌建设

"一村一品"是东京市郊乡村产业的特色，强调了通过二、三产业带动提高农产品附加价值，实现由"生产导向"向"消费导向"转变。"一村"是具有某种特色的地区（空间维度），可以是一个村庄或几个村庄所形成的一个区域；"一品"即具有特色和优势的主导产品（产业维度），可以是特色农产品、畜牧产品，也可以是旅游产品。目前，东京市郊乡村通过对"一村一品"的充分挖掘，已经成为东京都农产品供应、市民休闲体验的战略腹地。"一村一品"建设的主要特征表现为三个方面。

一是突出农民的主体地位，以特色农产品种植为例，当地农协或政府聘请专家筛选推荐适宜种植的产品，村民讨论决定当地种植的具体产品。

二是加强技术支持和引导。政府和农协通过与科研、教育或其他公益机构合作，以培训授课、实践指导、组织宣传等形式教授农业生产、加工和包装等技术，提高农民的综合素质。

三是政府规范"一村一品"建设。通过规范质量，避免盲目扩大规模，保证农产品的可持续发展。如都市圈内的山梨县，除了闻名遐迩的富士山，还有很多很有名气的葡萄村、蜜桃村、梨村，其生产的高档水果，可以供应东京等大城市，还可供出口[①]。

三、农协组织体制

以小农为主的农业生产模式使日本早期农业发展并不具备先天优势。第二次世界大战后，农民协同组织的发展使日本在小农经营的基础上迅速实现农业现代化。日本农业协同组织是一个遍布城乡，由农民志愿联合，自成系统的庞大的经济合作组织，是一个服务于农户、农业与农村的综合性服务体系，包括了金融部门、农业相关事业部门、生活及其他事业部门、营农指导事业部门等，被公认为是世界上成功的农村合作经济组织形式之一。农协组

---

① 那鲲鹏，苟天来，方丹. 国际复合型首都乡村振兴经验研究及对我国首都乡村治理发展对策建议：以伦敦，巴黎，东京市郊为例[J]. 小城镇建设，2019，37（9）：55-61.

织的业务包括：对农业技术和农业经营的指导，生产资料、生活资料的购置，农产品的加工储存和销售，直至储蓄、信贷、保险、医疗、旅游、观光、文化娱乐等，涉及农民从生产到生活的一切方面。日本农民协同组织分为综合农协和专业农协，综合农协从事指导、信用、购销、保险等有关农协成员务农和生活方面的事宜，并经营本地区生产的所有农产品；专业农协专门从事生产品种的销售和加工、生产指导和生产资料的购买。总的看，日本农协提供的服务涵盖了农户生产过程的所有环节，一旦农户离开农协，农业生产经营活动基本难以顺利进行。

农协的生产指导涉及宏观上的种植业结构安排，以及微观上的农户生产计划制订。在农产品销售方面，农协统一收购后与中间商进行接洽，或由农协直接向市场出售，避免恶性竞争，既保证了市场的稳定供应，又避免了盲目生产；在生产资料采购上，为降低农业生产成本，农协统一向生产厂商采购农资后再分发给会员；在信用服务上，农协可以自办信用社，组织会员手中的剩余资金开展以农协会员为对象的信贷业务。东京都市圈内各县均设有农协，农协最重要的工作就是监管种植户是否按生态种植标准生产。日本都市圈内关东地区最大的县是栃木县，农业比较发达，草莓与韭菜等的产量位居日本首位，草莓产量连续40多年位居日本第一，主要销往栃木县内及日本首都地区，优质草莓及梨等也出口海外。栃木县草莓种植有自己的协会，所有种植户都必须加入，并定期缴纳会费，产品才能上市销售，否则没有销路。农户只管种草莓，销售由农协负责。农协可以根据市场情况有计划、有规模地出售农产品，保证农民能够以相对较高的价格卖出农产品，以提升农民收益。

四、农业财税保障

日本的农业补贴政策在培育新型农业经营者，确保都市农业高质量发展方面起到了关键性的支撑保障作用。日本是全球农业补贴力度最高的国家之一，据统计，日本国家及地方财政预算支农资金超过农业GDP总额。以肉牛饲养行业为例，1966年开始推行的《肉用牛振兴对策》等，曾一度刺激了东京都市圈内肉牛产业的发展，使其肉牛养殖业在国内国际市场上都具有较高知名度。此外，为鼓励年轻人从事农业，2012年，日本政府开始设置青年务农补贴，没有务农知识的青年，可以到政府承认的学校或者机构接受培训，从培训开始直至务农后5年的时间内，每年都可以获得150万日元的补贴。具体农业生产税费补贴可以归纳为四类：安排农业科技创新、人才引进、技术推广等专项资金；实施补贴倾斜政策，重点扶持新型农业经营主体发展；

设立农业创新示范基地和专项奖励资金；生产绿地保护政策（500平方米以上的农业用地被指定为生产绿地后可受到资产税减免）。

五、三产融合

日本推进农工商合作但限制工商资本股权比重的做法对于保障农民收益具有较大的借鉴意义。具体做法为：建立工商资本参与农村产业融合发展的资格审查、项目审核和诚信公示制度，完善土地流转和订单农业等风险保障金制度，推进订单农业、股份合作、联合营销等形式的利益联结机制。日本推进实施农业六次产业化过程中，通过《农工商合作促进法》限定工商业出资股份只能在49%以下，提升农林渔业生产者参与"六次产业化"的能力并自我成长为农工商经营主体，强调农业生产者与工商企业在业务支持、知识共享和产业关联的基础上建立创新平台和经济网络，而非通过现有工商资本前向整合兼并农业。

第四节 美国的垂直整合与科技推广

一、美国的纵向一体化组织

美国农业产业化组织是在农民自愿联合、独立运作的基础上自下而上发展起来的。在纵向一体化组织中，企业占据主导地位，组织内部农产品的生产、加工、销售都由企业进行管理和协调。采用纵向一体化的产业组织形式能够有效降低市场的交易成本，但同时也要求主导企业拥有雄厚的资金实力和科研能力。按照组织内部的紧密程度，纵向一体化型组织又可以分为农业公司、契约型经济联合体和联营式的农工商联合企业。

一是农业公司（国内与之相似的产业化组织为龙头企业），又被称为大型的农工商联合企业或农工商综合体，是一种由工商资本或金融资本直接投资农业，建立的大规模农工商联合的农业公司。农业公司通过与农场直接结合，形成一个独立的经济实体，是完全垂直一体化的联合企业。

二是契约型经济联合体，是一种由私人工商企业和农场签订合同，通过明确双方的责任与义务，将"产、供、加"联合为一个有机整体。农场根据需要，与有关企业签订合同，将两个主体有机地联系在一起。契约型经济联合体实质上是一种合同经营制，农场与各有关企业都是独立的经济实体，独立进行生产经营活动，分别核算，自负盈亏，属于不完全垂直一体化经营模式，这种模式在美国农业中一直占有较大比重。

三是联营式的农工商联合企业，是由工商企业与合作制联合企业（合作社）联合经营的组织形式。大型的工商企业通过掌握合作社的供销系统，保证有大批的优质货源。合作社则可以从大型工商企业获得大量的资金、技术和农业生产资料，同时又可获得农产品的销售渠道。在这种模式下，工商企业和合作社独立经营，但又共担市场风险。

二、"三位一体"的农业技术推广体系

美国的科研、教育、推广"三位一体"的农业科技推广体系较为典型。该体系具体涉及联邦、州和县三个行政层级，联邦政府层级的农业科技推广部门隶属农业部，州一级的农业科技推广部门主要在各州立大学的农学院中，其技术推广人员基本上是农业领域的大学教授，使农业技术推广人员普遍具有较高学历。州立大学农学院的教授在全州的农业教育、农业科研、农业技术推广中具有明确的分配比例，40%的教授从事农业教育工作，40%的教授从事农业科学研究工作，20%的教授从事农业技术推广工作。同时，教授们的农业指导服务时长、服务质量等与晋升机制挂钩。美国各州立大学或农业高校都有明确的政策规定，如服务时长低于3个月的不能参与本年度晋升[1]。县一级的农业技术推广有两方面职责，一方面负责对接农学院的教授；另一方面负责在平时收集和了解农场主在农业生产过程中面临的实际问题。美国农业技术推广人员的薪酬待遇和相关激励机制对农业领域的科技精英具有一定吸引力。一些州的农业技术推广人员福利待遇甚至高于国家公务人员，同时如果某项农业技术推广对农业生产起到较大的推动作用，农业技术推广人员还会获得一笔不菲的奖金。

第五节　荷兰的链式发展与创意农业

地少人多与农业资源匮乏的困境并没有阻止荷兰成为全球农业发展前列国家，尤其是荷兰的畜牧业、花卉种植和农产品加工业具有较强的国际竞争力。从20世纪90年代开始，荷兰的创意农业开始兴起，后期依托创意农业

---

[1] 张雅光．发达国家农业科技推广模式及启示［EB/OL］．［2009-04-17］．http：//www.chinacity.org.cn/csfz/csjj/44930.html（2012-02 23）．

布局了完整的农业产业链①。

一、强化产业链整合与分工协作

依托创意农业发展形成的农业产业链经营模式是荷兰"链战略行动计划"的关键构成部分,"链网、链群和信息通信技术研究中心""农业产业链竞争能力中心"在全球农业供应链领域拥有较高的国际知名度。这些农业发展行动计划得到了荷兰政府的高度重视,近年来,荷兰的农业产业链和价值链试点项目已获得 4 500 万美元的政府专项经费资助。荷兰的农业产业链管理模式主要涉及以稳定农产品价格为目标的信息链管理,和以降低农产品交易成本为目标的物流链管理,此外,还涉及小范围区域内及大范围区域间的信息链和物流链整合。创意农业最为典型的案例就是荷兰的花卉产业链。

二、依托软硬式创新提升产品附加值

荷兰创意农业的兴起除了得益于科学技术的支撑外,还得益于配套组织管理制度等软环境支撑,科学技术创新(硬)+管理制度创新(软)为提升农产品附加值注入了强劲动力。在荷兰花卉栽培总面积中,有 70% 左右实现了新型的温室无土栽培,同时播种、移栽、采收、分拣、包装等流程实现了数字化和机械化控制,产品的标准化生产带来了效率提升和品质改善。

三、打造文化 IP,提升产品市场知名度

荷兰已成为世界上最大的郁金香生产和销售集散地。如今,郁金香已经不单纯是一种农业产品,而成为现代时尚创意的重要"意象",纵观世界,能够将农业产品升级打造成为文化品牌的并不多。荷兰花农具备一定的农业产业化经营意识,将传统的花卉种植与文化品牌相结合,是旅游观光农业较为成功的案例。荷兰西部的利瑟在每年的春夏两季举办沿途 40 公里的郁金香车游观光活动,吸引了世界各地的大量游客。

四、发挥拍卖市场的分销作用

荷兰的农业生产经营者需要遵循政府制定的市场准入制度和市场交易制度,从产销端到消费者共有 5 个环节,即生产者—拍卖者—批发商(连锁店)—零售商(超市)—消费者②。荷兰的拍卖花市是由花农和一些菜农构

---

① 刘丽伟. 荷兰:创意农业发展迅速 产业链条完整发达 [N]. 经济日报,2011-08-14.
② 李远东. 荷兰现代农业发展的经验与启示 [J]. 安徽农学通报,2009(5):34-36.

成的合作社①。在荷兰花卉拍卖市场，拥有集储存、冷藏、标准化包装及运输等的配套服务，并且产品的标准化分类较为规范，降低了买卖双方的信息不对称空间，保障了拍卖市场的高效运行，避免了生产者之间的同质化竞争，有效降低了农产品的交易成本。

五、培育发达的合作社和专业协会

荷兰的农业合作社"遍地开花"，贯穿于农业生产的各个环节，按业务类型可分为工业半成品贸易型、农产品和园艺品产销型、提供贷款型、拍卖型、其他服务型（签订劳动合同、保险、会计服务等）②。合作社的专业化程度较高，一般多聚焦于单一的项目，同时服务对象也相对集中，分工的深化有助于提升单个环节的效率。此外，各种行业协会将农场主纳入其中，提高了农场主的社会地位。

---

① 历为民. 荷兰的农业奇迹：一个中国经济学家眼中的荷兰农业 [M]. 北京：中国农业科学技术出版社，2003.
② 历为民. 荷兰的农业奇迹：一个中国经济学家眼中的荷兰农业 [M]. 北京：中国农业科学技术出版社，2003.

第九章 新时期完善乡村治理的路径

第一节 完善乡村产业发展制度建设

一、完善乡村产权制度

以分类指导为基本思路,推进农村产权制度改革,制定"小而精"的实施细则。一是针对不同类型乡村进行产权制度改革试点。可选择城乡融合村、经济发达村、经济一般村等类型的村进行先行试点,并针对不同类型乡村出台指导意见;明晰集体建设用地、房产、荒滩、荒水、设施农业、股权等产权,探索建立相应的产权交易机制。二是出台乡村产权改革办法及实施细则。如可从村集体与村民间的股权结构、收益分配、权责划分(继承权、转让交易权等细分权限)等方面出台具体指导意见,盘活低效存量资产。

二、加强横向纵向整合,实现乡村治理载体融合发展

(一)加强龙头企业对村集体经济组织的带动作用

各级政府应借助龙头企业对农业生产资源进行高效整合,对产业链上中下游分散化经营问题进行"治理",将村集体经济组织纳入区域产业体系之中,提升农业组织化程度。具体措施为:

第一,地方政府应强化服务意识,积极为农业龙头企业的生产经营争取政策资源,切实改善龙头企业的生产经营环境。

第二,多种形式推动龙头企业快速成长,如可推行"公司+合作社+养殖场""公司+基地+农户""股份合作制""订单合作制"等形式,同时可通过多种渠道收集终端订单,帮助龙头企业向邻近都市区市场销售农特产品。

第三,加强财政扶持和金融支持,地方财政可设立一定的专项资金用于扶持和奖励对农户带动效果好的龙头企业;对龙头企业的贷款项目应予以优先支持;将龙头企业纳入评级授信范围;完善农村金融担保体系建设,开展

农村集体资产抵押担保试点。

（二）规范引导行业协会和农业合作组织发展建设

针对国内一些农村地区农业行业协会较少、自我发展不足等问题，政府、行业协会、其他农业经济组织之间应该基于自身角度，引导规范行业协会健康发展。一是政府部门应该高度重视农业行业协会在政府、企业、各类组织和农户之间发挥的桥梁纽带作用，出台相应政策支持鼓励行业协会发展；二是民政部门应该降低行业协会的设立门槛，减少审批程序；三是行业协会应加强自身规范管理，借鉴现代企业管理制度，以及美国、日本、德国、英国、法国等国家行业协会的内部管理机制，保障行业协会的发展质量。

积极培育高水平的农业行业协会，依托行业协会搭建供给方（农户、集体经济组织）与市场（都市区消费群体）的有效对接渠道，如可对中小学学生进行农园教育、科普学习；为企业内部社交团建活动提供场所；为都市区的消费人群提供菜单式的农产品生产销售活动。

（三）推动农村集体经济组织的快速发展

一是加强村集体经济组织与龙头企业、农产品生产加工基地、行业协会的对接。探索村集体经济组织与农业发展组织之间的利益捆绑机制，改变村集体经济组织孤立式发展的局面。

二是规范村集体经济组织的内部管理制度。可参考现代企业管理制度建设模式，实现村集体经济组织的管理从"人治"走向"制治"的转变，降低个人利益与村集体经济组织利益发生冲突时，人为因素对村集体经济组织发展造成的不利影响。

三是转变村两委在发展村集体经济组织过程中的角色定位，从"决策者"向"服务者"转变，逐渐弱化村两委在村集体经济组织中的决策权，引入能人和经济领头羊对村集体经济进行管理，构建村两委与村集体经济组织之间的利益分享机制，将村两委的服务绩效与利益分享情况挂钩。

（四）建立合理的利益风险分担机制，确保农民收益

农业产业化过程中，既要保护涉农企业的利益，也要保护农户的利益，实现农民增收。

一是完善利益分享机制，可借鉴日本的经验，通过制定《农工商合作促进法》适度限制工商业资本，以保障农业生产经营者的利益。

二是建立多元风险分担机制，生产经营风险应该由产业组织内各主体共同分担，涉农企业不应该成为经营风险的全部承担者，合作社、农户应当依据收益对等原则，适度分担相应的风险。

三、"深耕"都市区市场,探索智慧化的产销新模式

各级政府应该支持农业生产经营主体建设,完善蔬菜种植业物流配送及终端销售渠道,并依托智慧化的产销新模式深耕都市区市场。

(一)将设施农业与智慧农业相结合

通过中国移动等大型企业为各地的农业产业化龙头企业和下游的专业化合作社提供产销智能化解决方案,如为生产经营环节的使用者开发专门的集监测、施肥、滴灌等功能于一体的手机应用程序,为大都市区消费人群开发专门的应用客户端,使消费者可通过手机应用菜单了解所预定蔬菜产品的实时生长情况,让都市消费者吃得放心。

(二)加强流通渠道建设

完善大城市郊区的蔬菜物流配送中心,优化大城市内部超市蔬菜直销专柜的管理运营模式,可与每日优鲜等平台进行对接,打通农产品配送到家的"最后一公里"。

(三)实施线上线下相结合的营销方式

线上可通过微信程序和微信广告等方式进行广告植入,让更多消费者了解各地的农特产品品牌;线下可通过借鉴日本的乡村与都市社区结队的宣传推广方式,乡村与邻近城市内部社区结对子,在整治复垦的土地上探索"小农园"的蔬菜种植营销模式,即大都市社区人群可以拥有自己的一块小菜园,可以亲自到小菜园体验蔬菜种植的田园生活,也可以在手机应用上雇人照看自己的小菜园,果实成熟后由专人采摘并通过物流配送渠道直接配送到家。这是发展村集体经济的一种新业态与新模式,也是农民增收的一条可行渠道。

(四)有效激活闲置资源,提高资源利用效率

一是改变统一按户籍地建房的政策,尝试打破宅基地分村审批制,建立市级或县级统一的农民宅基地审批机构。

二是应建立农民宅基地使用权流转制度,建立农宅流转机制,有效盘活乡村的闲置建设用地资源,打破原有农村宅基地使用权流转范围仅限村内集体经济组织之间的局限。

三是探索设立土地整理复垦中心,具体负责审查村庄规划、项目规划、工程实施以及补偿发放等方面的条件,经土地复垦中心审核通过后方可立项。

四是制定有弹性的宅基地置换管理办法。

第二节 创新乡村治理的模式与机制

一、建立多部门联动治理机制

可探索设立村综合治理中心,在组织架构上应将镇村各级综治中心整合到统一平台;在技术手段上提升乡村的安防监控设备配置密度,实现重要路口和人口聚居地的监控无死角;在治理场景上实现线上线下相结合,设立各地的公众乡村事务平台,将民间理事会"上线",并配置线上调解员,能在线上解决的问题就不必线下解决,线上解决不了的问题通过线上预约,线下解决。

二、采取扁平化管理,提升治理效率

依托网格化管理实现社会管理系统的"扁平化",实现部门间的共建、共享和共治。将各行政村按照"边界清晰、全域覆盖、规模适度、功能完整"的原则,合理配置网格员、专干、管理员。网格员由村干部担任,利用平台进行问题发现、信息采集、联络社情、治安巡查、调处纠纷、便民代办、宣传政策等工作。专干由镇站所负责人兼任,负责受理、上报、交办属于本职能范围内的工作。管理员由镇班子成员担任,负责受理、流转、处理、结案工作。在村委会大厅明显位置展示网格化服务的管理架构图,使村民到村委会办事时可以一目了然地找到负责相应事项的网格员。

三、探索建立新型治理模式

将网格管理系统与在外乡贤等治理主体进行整合,建立"网格系统+乡贤+外出务工人员"的共治模式,可在平台上设置互动专栏,管理员可将乡村治理过程中面临的具体问题发到专栏里,包括外出乡贤在内的多元主体可在评论区与网格系统人员进行互动、献计献策,实现乡村治理由"单一大脑"向"多元大脑"转变,形成乡村治理的"弹性智库"。管理员可定期将乡贤捐资建设的项目在专栏动态更新,使在外乡贤实时了解捐资的使用情况。探索在外务工人员处理家乡事务的"雇佣平台",平台上探索设置相应窗口,外出务工人员可以通过网格员了解自家的房屋、耕地、山林等具体情况,一些简单的具有时效性的自家事务可以通过平台预约网格员进行处理,事后对网格员劳务进行"支付"。这种模式一方面帮助外出务工人员远程解决自家事

务；另一方面可以增加网格员的收入，有效保障网格员的稳定性。

四、构建"三治"协同互补的乡村治理模式

在乡村治理的关键领域，逐渐出台规范化的管理流程及管理标准，完善相关法律法规，逐步实现"人治"向"法治"转变。在村领导干部的廉政治理方面，应该出台相应标准，规范公益性岗位设置及低保户的评定流程；应就生产安全、食品药品安全、非法集资、村集体资产使用等领域，建立常态化的风险隐患排查机制，防止安全事故和群体性事件的发生。在基层维稳建设方面，应该构建公安（派出所）、检察院、法院等部门的统筹联动机制，不定期对基层治安隐患进行盘查和整治，定期对基层群众进行普法教育。

依托德治建设，规范乡风文明。应通过群众周边的好人好事，拨正基层群众的价值取向，通过典型人物的示范带动作用增强基层群众的主人翁意识。针对陈规陋俗出台对应的治理条例，党员干部在"移风易俗"过程中应起带头示范作用，引导群众改变婚丧陋习、厚葬薄养、随礼攀比等不良风气。

第三节 补齐乡村旅游产业发展短板

一、依托旅游开发集团开发乡村旅游资源

针对各地乡村旅游业缺少总体规划，景点在空间上整体呈散点状分布的现实情况开展乡村旅游业治理整顿。

一是吸引大型文化旅游企业入驻。国际层面可借鉴伦敦经验，依托大型旅游集团进行全域旅游开发，整合和规范乡村旅游市场，积极引导大型文化旅游企业参与乡村旅游的整体规划，通过企业推介和区域品牌的整体塑造，打造大型旅游休闲品牌，形成常态化、稳定式的游客群；国内层面可借鉴深圳华侨城、上海迪士尼等发展模式。

二是打造旅游景点精品路线。针对地理位置紧密相连且旅游资源具有互补特征的乡村，集中打造距市区车程约2~3小时的旅游景点线路。

三是精心雕琢"一村一品"。各乡村在发展乡村旅游业的过程中应适度保留其独一无二的特色，通过景点细分形成互补式的发展格局。

二、丰富业态和热点活动，缓解旅游淡旺季极化现象

针对乡村旅游淡旺季分明，在时间上互补性不足的现象，可通过丰富旅

游业态等方式进行治理。

延长旅游消费产业链，丰富旅游业态，对游客群体进行市场细分，形成中高低端消费层级互为补充的发展格局。旺季以高端游客为主，淡季以中低端游客为主，缩小淡旺季的旅游收入差距。

丰富乡村旅游业态模式。统筹开发形式多样的乡村旅游产品，包括乡村观光旅游、体育旅游和商务旅游等，延长游客逗留时间，同时在一年四季推出各式各样的活动、节庆和展览，包括工艺品市集、农品市集、各式各样的音乐节、徒步节、科学节、荒野节等，提升人气。

三、规范民宿业发展，提升乡村旅游业态品质

可通过出台专门的管理制度，规范全国各地乡村民宿业的行业发展，确保服务水准，具体可借鉴伦敦发展乡村民宿业的经验。

制定民宿分级制度。参照旅馆认证的方式对民宿制定审查标准，并对乡村民宿进行认证和分级，由各区、各镇、各村的旅游管理部门执行审查。具体可依据民宿的硬件设施和软件条件（如地毯质量、窗帘及房间色调、起居室空间、服务等）将乡村民宿分级。民宿必须获得核准评级才能对外经营，且在正式运营前，要经过行业协会的卫生、服务、管理等培训。此外，市、区、镇政府每年对乡村民宿以不预先通知的方式进行随机抽查，以保障民宿质量和服务水平。

旅游主管部门和行业协会提供民宿经营咨询以及培训课程。为更好地适应不断变化的市场需求，应该就住宿设施、环境维护、旅游顾客需求捕捉、插花园艺、基本医疗知识等方面进行培训，可设立专门的培训联盟。

探索新的乡村民宿业承租模式。针对乡村旅游淡旺季分明的特点，制定淡旺季差异化的承租模式，具体需由旅游主管单位、村两委、村集体经济组织、承租方共同协商，多方探讨设计合理的承租模式。

第四节　提升治理主体组织的保障能力

一、完善村干部的培训机制，提升职业化水平

选优配强村党支部书记，选派一批能力强、作风硬的村第一书记，发挥"红色头雁"引领作用。

建立完善的村干部培训体系。重点培训农业实用技术、就业创业技能及

国家相关政策，使乡村领导更好服务集体经济组织发展；形式上以龙头企业、农民专业合作社、专业协会等各类产业基地和实践课堂为依托，提高培训实效；还可定期组织村两委干部到经济社会发达村、特色村实地学习，到各种示范基地、专业协会和农业龙头企业参观考察，开阔视野；还可以有针对性地聘请科技能手、"土专家""田秀才""经营大户"授课。

建立职业化的村两委领导干部管理机制。选取部分基础较好、条件成熟的乡村进行试点，试点过程中进行经验总结，尽快形成一套职业化的村两委领导干部管理机制。

抽取典型示范村带头人组建"会诊团"，对村集体经济薄弱区域进行实地把脉，调研结束后避免与当地村干部进行交流，直接与上级主管部门进行座谈会诊，会诊团人数不宜过多，但人员构成必须具有一定代表性和互补性。

二、改革优化基层干部激励机制

加强对一线人员的激励机制建设，适度提高有一线乡村治理经历的基层领导干部的晋升占比，让有理想、有抱负、有能力的年轻领导更加积极地参与乡村治理工作。在乡镇层面，适度提高参与一线乡村治理基层领导干部的外出交流考察比重。对于乡村治理成效突出的基层干部，其子女入学应该得到政策的相应保障，为基层干部解决后顾之忧。

三、多层面完善乡村治理体系，形成多元共治格局

积极引导能人和乡贤参与乡村治理，打造能够汇聚在外乡贤的活动平台。借鉴珠三角经验，成立"外出党支部"，使其成为在外乡贤了解家乡建设情况、为家乡建设献计献策、汇集建设资源、推广家乡产品的重要平台。定期召开座谈会，在选址方面可优先考虑在经济发达的地区布点，以打造较高能级的活动平台。积极探索本地乡贤参与乡村治理的模式与机制，充分释放内生治理动力。在村两委干部政绩考核中，可设立引导乡贤参与乡村治理等方面的相关指标，引导乡贤参与乡村治理。

优化乡村治理结构，减少治理层级，形成扁平化的治理组织结构。采取自上而下和自下而上的双向传送，实现上级行政组织对基层自治组织的政策传达、基层组织对上级组织的社情民意传递的"双直达"。

形成多元参与、多主体联动治理的新格局。以乡镇综合治理中心为枢纽，联动网格员、村委会、乡镇政府、第三方组织等主体，将权力逐步下放到村民自治委员会、社会组织和网格员手中，给予其他治理主体更多自主权。

提升集体经济组织自身治理能力。积极引入现代企业管理制度，选用素质高、思路清、懂经营、善管理的能人在集体经济组织中任职，聘用职业经理人进行经营管理。

附录

附录1　中共中央办公厅　国务院办公厅印发《关于加强和改进乡村治理的指导意见》

实现乡村有效治理是乡村振兴的重要内容。为深入贯彻落实党的十九大精神和《中共中央、国务院关于实施乡村振兴战略的意见》部署要求，推进乡村治理体系和治理能力现代化，夯实乡村振兴基层基础，现就加强和改进乡村治理提出如下意见。

一、总体要求

（一）指导思想。以习近平新时代中国特色社会主义思想为指导，全面贯彻党的十九大和十九届二中、三中全会精神，紧紧围绕统筹推进"五位一体"总体布局和协调推进"四个全面"战略布局，按照实施乡村振兴战略的总体要求，坚持和加强党对乡村治理的集中统一领导，坚持把夯实基层基础作为固本之策，坚持把治理体系和治理能力建设作为主攻方向，坚持把保障和改善农村民生、促进农村和谐稳定作为根本目的，建立健全党委领导、政府负责、社会协同、公众参与、法治保障、科技支撑的现代乡村社会治理体制，以自治增活力、以法治强保障、以德治扬正气，健全党组织领导的自治、法治、德治相结合的乡村治理体系，构建共建共治共享的社会治理格局，走中国特色社会主义乡村善治之路，建设充满活力、和谐有序的乡村社会，不断增强广大农民的获得感、幸福感、安全感。

（二）总体目标。到2020年，现代乡村治理的制度框架和政策体系基本形成，农村基层党组织更好发挥战斗堡垒作用，以党组织为领导的农村基层组织建设明显加强，村民自治实践进一步深化，村级议事协商制度进一步健全，乡村治理体系进一步完善。到2035年，乡村公共服务、公共管理、公共安全保障水平显著提高，党组织领导的自治、法治、德治相结合的乡村治理体系更加完善，乡村社会治理有效、充满活力、和谐有序，乡村治理体系和治理能力基本实现现代化。

二、主要任务

（一）完善村党组织领导乡村治理的体制机制。建立以基层党组织为领导、村民自治组织和村务监督组织为基础、集体经济组织和农民合作组织为纽带、其他经济社会组织为补充的村级组织体系。村党组织全面领导村民委员会及村务监督委员会、村集体经济组织、农民合作组织和其他经济社会组织。村民委员会要履行基层群众性自治组织功能，增强村民自我管理、自我教育、自我服务能力。村务监督委员会要发挥在村务决策和公开、财产管理、工程项目建设、惠农政策措施落实等事项上的监督作用。集体经济组织要发挥在管理集体资产、合理开发集体资源、服务集体成员等方面的作用。农民合作组织和其他经济社会组织要依照国家法律和各自章程充分行使职权。村党组织书记应当通过法定程序担任村民委员会主任和村级集体经济组织、合作经济组织负责人，村"两委"班子成员应当交叉任职。村务监督委员会主任一般由党员担任，可以由非村民委员会成员的村党组织班子成员兼任。村民委员会成员、村民代表中党员应当占一定比例。健全村级重要事项、重大问题由村党组织研究讨论机制，全面落实"四议两公开"。加强基本队伍、基本活动、基本阵地、基本制度、基本保障建设，实施村党组织带头人整体优化提升行动，持续整顿软弱涣散村党组织，整乡推进、整县提升，发展壮大村级集体经济。全面落实村"两委"换届候选人县级联审机制，坚决防止和查处以贿选等不正当手段影响、控制村"两委"换届选举的行为，严厉打击干扰破坏村"两委"换届选举的黑恶势力、宗族势力。坚决把受过刑事处罚、存在"村霸"和涉黑涉恶、涉邪教等问题的人清理出村干部队伍。坚持抓乡促村，落实县乡党委抓农村基层党组织建设和乡村治理的主体责任。落实乡镇党委直接责任，乡镇党委书记和党委领导班子成员等要包村联户，村"两委"成员要入户走访，及时发现并研究解决农村基层党组织建设、乡村治理和群众生产生活等问题。健全以财政投入为主的稳定的村级组织运转经费保障制度。

（二）发挥党员在乡村治理中的先锋模范作用。组织党员在议事决策中宣传党的主张，执行党组织决定。组织开展党员联系农户、党员户挂牌、承诺践诺、设岗定责、志愿服务等活动，推动党员在乡村治理中带头示范，带动群众全面参与。密切党员与群众的联系，了解群众思想状况，帮助解决实际困难，加强对贫困人口、低保对象、留守儿童和妇女、老年人、残疾人、特困人员等人群的关爱服务，引导农民群众自觉听党话、感党恩、跟党走。

（三）规范村级组织工作事务。清理整顿村级组织承担的行政事务多、各种检查评比事项多问题，切实减轻村级组织负担。各种政府机构原则上不在村级建立分支机构，不得以行政命令方式要求村级承担有关行政性事务。交由村级组织承接或协助政府完成的工作事项，要充分考虑村级组织承接能力，实行严格管理和总量控制。从源头上清理规范上级对村级组织的考核评比项目，鼓励各地实行目录清单、审核备案等管理方式。规范村级各种工作台账和各类盖章证明事项。推广村级基础台账电子化，建立统一的"智慧村庄"综合管理服务平台。

（四）增强村民自治组织能力。健全党组织领导的村民自治机制，完善村民（代表）会议制度，推进民主选举、民主协商、民主决策、民主管理、民主监督实践。进一步加强自治组织规范化建设，拓展村民参与村级公共事务平台，发展壮大治保会等群防群治力量，充分发挥村民委员会、群防群治力量在公共事务和公益事业办理、民间纠纷调解、治安维护协助、社情民意通达等方面的作用。

（五）丰富村民议事协商形式。健全村级议事协商制度，形成民事民议、民事民办、民事民管的多层次基层协商格局。创新协商议事形式和活动载体，依托村民会议、村民代表会议、村民议事会、村民理事会、村民监事会等，鼓励农村开展村民说事、民情恳谈、百姓议事、妇女议事等各类协商活动。

（六）全面实施村级事务阳光工程。完善党务、村务、财务"三公开"制度，实现公开经常化、制度化和规范化。梳理村级事务公开清单，及时公开组织建设、公共服务、脱贫攻坚、工程项目等重大事项。健全村务档案管理制度。推广村级事务"阳光公开"监管平台，支持建立"村民微信群""乡村公众号"等，推进村级事务即时公开，加强群众对村级权力有效监督。规范村级会计委托代理制，加强农村集体经济组织审计监督，开展村干部任期和离任经济责任审计。

（七）积极培育和践行社会主义核心价值观。坚持教育引导、实践养成、制度保障三管齐下，推动社会主义核心价值观落细落小落实，融入文明公约、村规民约、家规家训。通过新时代文明实践中心、农民夜校等渠道，组织农民群众学习习近平新时代中国特色社会主义思想，广泛开展中国特色社会主义和实现中华民族伟大复兴的中国梦宣传教育，用中国特色社会主义文化、社会主义思想道德牢牢占领农村思想文化阵地。完善乡村信用体系，增强农民群众诚信意识。推动农村学雷锋志愿服务制度化常态化。加强农村未成年人思想道德建设。

（八）实施乡风文明培育行动。弘扬崇德向善、扶危济困、扶弱助残等传统美德，培育淳朴民风。开展好家风建设，传承传播优良家训。全面推行移风易俗，整治农村婚丧大操大办、高额彩礼、铺张浪费、厚葬薄养等不良习俗。破除丧葬陋习，树立殡葬新风，推广与保护耕地相适应、与现代文明相协调的殡葬习俗。加强村规民约建设，强化党组织领导和把关，实现村规民约行政村全覆盖。依靠群众因地制宜制定村规民约，提倡把喜事新办、丧事简办、弘扬孝道、尊老爱幼、扶残助残、和谐敦睦等内容纳入村规民约。以法律法规为依据，规范完善村规民约，确保制定过程、条文内容合法合规，防止一部分人侵害另一部分人的权益。建立健全村规民约监督和奖惩机制，注重运用舆论和道德力量促进村规民约有效实施，对违背村规民约的，在符合法律法规前提下运用自治组织的方式进行合情合理的规劝、约束。发挥红白理事会等组织作用。鼓励地方对农村党员干部等行使公权力的人员，建立婚丧事宜报备制度，加强纪律约束。

（九）发挥道德模范引领作用。深入实施公民道德建设工程，加强社会公德、职业道德、家庭美德和个人品德教育。大力开展文明村镇、农村文明家庭、星级文明户、五好家庭等创建活动，广泛开展农村道德模范、最美邻里、身边好人、新时代好少年、寻找最美家庭等选树活动，开展乡风评议，弘扬道德新风。

（十）加强农村文化引领。加强基层文化产品供给、文化阵地建设、文化活动开展和文化人才培养。传承发展提升农村优秀传统文化，加强传统村落保护。结合传统节日、民间特色节庆、农民丰收节等，因地制宜广泛开展乡村文化体育活动。加快乡村文化资源数字化，让农民共享城乡优质文化资源。挖掘文化内涵，培育乡村特色文化产业，助推乡村旅游高质量发展。加强农村演出市场管理，营造健康向上的文化环境。

（十一）推进法治乡村建设。规范农村基层行政执法程序，加强乡镇行政执法人员业务培训，严格按照法定职责和权限执法，将政府涉农事项纳入法治化轨道。大力开展"民主法治示范村"创建，深入开展"法律进乡村"活动，实施农村"法律明白人"培养工程，培育一批以村干部、人民调解员为重点的"法治带头人"。深入开展农村法治宣传教育。

（十二）加强平安乡村建设。推进农村社会治安防控体系建设，落实平安建设领导责任制，加强基础性制度、设施、平台建设。加强农村警务工作，大力推行"一村一辅警"机制，扎实开展智慧农村警务室建设。加强对社区矫正对象、刑满释放人员等特殊人群的服务管理。深入推进扫黑除恶专项斗争，健全防范打击长效机制。加强农民群众拒毒防毒宣传教育，依法打击整治毒品违法犯罪活动。依法加大对农村非法宗教活动、邪教活动打击力度，制止利用宗教、邪教干预农村公共事务，大力整治农村乱建宗教活动场所、滥塑宗教造像。推进农村地区技防系统建设，加强公共安全视频监控建设联网应用工作。健全农村公共安全体系，强化农村安全生产、防灾减灾救灾、食品、药品、交通、消防等安全管理责任。

（十三）健全乡村矛盾纠纷调处化解机制。坚持发展新时代"枫桥经验"，做到"小事不出村、大事不出乡"。健全人民调解员队伍，加强人民调解工作。完善调解、仲裁、行政裁决、行政复议、诉讼等有机衔接、相互协调的多元化纠纷解决机制。发挥信息化支撑作用，探索建立"互联网+网格管理"服务管理模式，提升乡村治理智能化、精细化、专业化水平。强化乡村信息资源互联互通，完善信息收集、处置、反馈工作机制和联动机制。广泛开展平安教育和社会心理健康服务、婚姻家庭指导服务。推动法院跨域立案系统、检察服务平台、公安综合窗口、人民调解组织延伸至基层，提高响应群众诉求和为民服务能力水平。

（十四）加大基层小微权力腐败惩治力度。规范乡村小微权力运行，明确每项权力行使的法规依据、运行范围、执行主体、程序步骤。建立健全小微权力监督制度，形成群众监督、村务监督委员会监督、上级部门监督和会计核算监督、审计监督等全程实时、多方联网的监督体系。织密农村基层权力运行"廉政防护网"，大力开展农村基层微腐败整治，推进农村巡察工作，严肃查处侵害农民利益的腐败行为。

（十五）加强农村法律服务供给。充分发挥人民法庭在乡村治理中的职能作用，推广车载法庭等巡回审判方式。加强乡镇司法所建设。整合法学专家、律师、政法干警及基层法律服务工作者等资源，健全乡村基本公共法律服务体系。深入推进公共法律服务实体、热线、网络平台建设，鼓励乡镇党委和政府根据需要设立法律顾问和公职律师，鼓励有条件的地方在村民委员会建立公共法律服务工作室，进一步加强村法律顾问工作，完善政府购买服务机制，充分发挥律师、基层法律服务工作者等在提供公共法律服务、促进乡村依法治理中的作用。

（十六）支持多方主体参与乡村治理。加强妇联、团支部、残协等组织建设，充分发挥其联系群众、团结群众、组织群众参与民主管理和民主监督的作用。积极发挥服务性、公益性、互助性社区社会组织作用。坚持专业化、职业化、规范化，完善培养选拔机制，拓宽农村社工人才来源，加强农村社会工作专业人才队伍建设，着力做好老年人、残疾人、青少年、特殊困难群体等重点对象服务工作。探索以政府购买服务等方式，支持农村社会工作和志愿服务发展。

（十七）提升乡镇和村为农服务能力。充分发挥乡镇服务农村和农民的作用，加强乡镇政府公共服务职能，加大乡镇基本公共服务投入，使乡镇成为为农服务的龙头。推进"放管服"改革和"最多跑一次"改革向基层延伸，整合乡镇和县级部门派驻乡镇机构承担的职能相近、职责交叉工作事项，建立集综合治理、市场监管、综合执法、公共服务等于一体的统一平台。构建县乡联动、功能集成、反应灵敏、扁平高效的综合指挥体系，着力增强乡镇统筹协调能力，发挥好乡镇服务、带动乡村作用。大力推进农村社区综合服务设施建设，引导管理服务向农村基层延伸，为农民提供"一门式办理""一站式服务"，构建线上线下相结合的乡村便民服务体系。将农村民生和社会治理领域中属于政府职责范围且适合通过市场化方式提供的服务事项，纳入政府购买服务指导性目录。推动各级投放的公共服务资源以乡镇、村党组织为主渠道落实。

三、组织实施

（一）加强组织领导。各级党委和政府要充分认识加强和改进乡村治理的重要意义，把乡村治理工作摆在重要位置，纳入经济社会发展总体规划和乡村振兴战略规划，开展乡村治理试点示范，及时研究解决工作中遇到的重大问题。将加强和改进乡村治理工作纳入乡村振兴考核。将党组织领导的乡村治理工作作为每年市县乡党委书记抓基层党建述职评议考核的重要内容，推动层层落实责任。各省（自治区、直辖市）党委和政府要抓好本意见贯彻落实，每年向党中央、国务院报告推进实施乡村振兴战略进展情况时，要将乡村治理工作情况作为重要内容。

（二）建立协同推进机制。严格落实责任，加强部门联动，建立乡村治理工作协同运行机制。党委农村工作部门要发挥牵头抓总作用，强化统筹协调、具体指导和督促落实，对乡村治理工作情况开展督导，对乡村治理政策措施开展评估。组织、宣传、政法、民政、司法行政、公安等相关部门要按照各自职责，强化政策、资源和力量配备，加强工作指导，做好协同配合，形成工作合力。

（三）强化各项保障。各级党委和政府要加强乡村治理人才队伍建设，充实基层治理力量，指导驻村第一书记、驻村干部等围绕乡村治理主要任务开展工作，聚合各类人才资源，引导农村致富能手、外出务工经商人员、高校毕业生、退役军人等在乡村治理中发挥积极作用。加强乡村社会治安综合治理设施装备保障，落实乡村治理经费。切实保障村干部基本报酬，建立健全与绩效考核相挂钩的报酬兑现机制。有计划、分层次开展村干部培训。坚决整治形式主义、官僚主义，让基层干部从繁文缛节、文山会海、迎来送往中解脱出来。进一步激励干部新时代新担当新作为，鼓励各地创新乡村治理机制。组织开展乡村治理示范村镇创建活动，大力选树宣传乡村治理各类先进典型，营造良好舆论氛围。

（四）加强分类指导。各级党委和政府要结合本地实际，围绕加强和改进乡村治理的主要任务，分类确定落实举措。对于需要普遍执行和贯彻落实的政策措施，要加大工作力度，逐级压实责任，明确时间进度，尽快取得实效。对于需要继续探索的事项，要组织开展改革试点，勇于探索创新，及时总结一批可复制可推广的经验做法，加快在面上推广。对于鼓励提倡的做法，要有针对性地借鉴吸收，形成适合本地的乡村治理机制。

附录2 《中共中央国务院关于实施乡村振兴战略的意见》（节选）

一、新时代实施乡村振兴战略的重大意义

党的十八大以来，在以习近平同志为核心的党中央坚强领导下，我们坚持把解决好"三农"问题作为全党工作重中之重，持续加大强农惠农富农政策力度，扎实推进农业现代化和新农村建设，全面深化农村改革，农业农村发展取得了历史性成就，为党和国家事业全面开创新局面提供了重要支撑。5年来，粮食生产能力跨上新台阶，农业供给侧结构性改革迈出新步伐，农民收入持续增长，农村民生全面改善，脱贫攻坚战取得决定性进展，农村生态文明建设显著加强，农民获得感显著提升，农村社会稳定和谐。农业农村发展取得的重大成就和"三农"工作积累的丰富经验，为实施乡村振兴战略奠定了良好基础。

农业农村农民问题是关系国计民生的根本性问题。没有农业农村的现代化，就没有国家的现代化。当前，我国发展不平衡不充分问题在乡村最为突出，主要表现在：农产品阶段性供过于求和供给不足并存，农业供给质量亟待提高；农民适应生产力发展和市场竞争的能力不足，新型职业农民队伍建设亟须加强；农村基础设施和民生领域欠账较多，农村环境和生态问题比较突出，乡村发展整体水平亟待提升；国家支农体系相对薄弱，农村金融改革任务繁重，城乡之间要素合理流动机制亟待健全；农村基层党建存在薄弱环节，乡村治理体系和治理能力亟待强化。实施乡村振兴战略，是解决人民日

益增长的美好生活需要和不平衡不充分的发展之间矛盾的必然要求，是实现"两个一百年"奋斗目标的必然要求，是实现全体人民共同富裕的必然要求。

在中国特色社会主义新时代，乡村是一个可以大有作为的广阔天地，迎来了难得的发展机遇。我们有党的领导的政治优势，有社会主义的制度优势，有亿万农民的创造精神，有强大的经济实力支撑，有历史悠久的农耕文明，有旺盛的市场需求，完全有条件有能力实施乡村振兴战略。必须立足国情农情，顺势而为，切实增强责任感使命感紧迫感，举全党全国全社会之力，以更大的决心、更明确的目标、更有力的举措，推动农业全面升级、农村全面进步、农民全面发展，谱写新时代乡村全面振兴新篇章。

二、实施乡村振兴战略的总体要求

（一）指导思想。全面贯彻党的十九大精神，以习近平新时代中国特色社会主义思想为指导，加强党对"三农"工作的领导，坚持稳中求进工作总基调，牢固树立新发展理念，落实高质量发展的要求，紧紧围绕统筹推进"五位一体"总体布局和协调推进"四个全面"战略布局，坚持把解决好"三农"问题作为全党工作重中之重，坚持农业农村优先发展，按照产业兴旺、生态宜居、乡风文明、治理有效、生活富裕的总要求，建立健全城乡融合发展体制机制和政策体系，统筹推进农村经济建设、政治建设、文化建设、社会建设、生态文明建设和党的建设，加快推进乡村治理体系和治理能力现代化，加快推进农业农村现代化，走中国特色社会主义乡村振兴道路，让农业成为有奔头的产业，让农民成为有吸引力的职业，让农村成为安居乐业的美丽家园。

（二）目标任务。按照党的十九大提出的决胜全面建成小康社会、分两个阶段实现第二个百年奋斗目标的战略安排，实施乡村振兴战略的目标任务是：

到2020年，乡村振兴取得重要进展，制度框架和政策体系基本形成。农业综合生产能力稳步提升，农业供给体系质量明显提高，农村一二三产业融合发展水平进一步提升；农民增收渠道进一步拓宽，城乡居民生活水平差距持续缩小；现行标准下农村贫困人口实现脱贫，贫困县全部摘帽，解决区域性整体贫困；农村基础设施建设深入推进，农村人居环境明显改善，美丽宜居乡村建设扎实推进；城乡基本公共服务均等化水平进一步提高，城乡融合发展体制机制初步建立；农村对人才吸引力逐步增强；农村生态环境明显好转，农业生态服务能力进一步提高；以党组织为核心的农村基层组织建设进一步加强，乡村治理体系进一步完善；党的农村工作领导体制机制进一步健全；各地区各部门推进乡村振兴的思路举措得以确立。

到 2035 年，乡村振兴取得决定性进展，农业农村现代化基本实现。农业结构得到根本性改善，农民就业质量显著提高，相对贫困进一步缓解，共同富裕迈出坚实步伐；城乡基本公共服务均等化基本实现，城乡融合发展体制机制更加完善；乡风文明达到新高度，乡村治理体系更加完善；农村生态环境根本好转，美丽宜居乡村基本实现。

到 2050 年，乡村全面振兴，农业强、农村美、农民富全面实现。

（三）基本原则。

——坚持党管农村工作。毫不动摇地坚持和加强党对农村工作的领导，健全党管农村工作领导体制机制和党内法规，确保党在农村工作中始终总揽全局、协调各方，为乡村振兴提供坚强有力的政治保障。

——坚持农业农村优先发展。把实现乡村振兴作为全党的共同意志、共同行动，做到认识统一、步调一致，在干部配备上优先考虑，在要素配置上优先满足，在资金投入上优先保障，在公共服务上优先安排，加快补齐农业农村短板。

——坚持农民主体地位。充分尊重农民意愿，切实发挥农民在乡村振兴中的主体作用，调动亿万农民的积极性、主动性、创造性，把维护农民群众根本利益、促进农民共同富裕作为出发点和落脚点，促进农民持续增收，不断提升农民的获得感、幸福感、安全感。

——坚持乡村全面振兴。准确把握乡村振兴的科学内涵，挖掘乡村多种功能和价值，统筹谋划农村经济建设、政治建设、文化建设、社会建设、生态文明建设和党的建设，注重协同性、关联性，整体部署，协调推进。

——坚持城乡融合发展。坚决破除体制机制弊端，使市场在资源配置中起决定性作用，更好发挥政府作用，推动城乡要素自由流动、平等交换，推动新型工业化、信息化、城镇化、农业现代化同步发展，加快形成工农互促、城乡互补、全面融合、共同繁荣的新型工农城乡关系。

——坚持人与自然和谐共生。牢固树立和践行绿水青山就是金山银山的理念，落实节约优先、保护优先、自然恢复为主的方针，统筹山水林田湖草系统治理，严守生态保护红线，以绿色发展引领乡村振兴。

——坚持因地制宜、循序渐进。科学把握乡村的差异性和发展走势分化特征，做好顶层设计，注重规划先行、突出重点、分类施策、典型引路。既尽力而为，又量力而行，不搞层层加码，不搞一刀切，不搞形式主义，久久为功，扎实推进。

三、提升农业发展质量，培育乡村发展新动能

乡村振兴，产业兴旺是重点。必须坚持质量兴农、绿色兴农，以农业供给侧结构性改革为主线，加快构建现代农业产业体系、生产体系、经营体系，提高农业创新力、竞争力和全要素生产率，加快实现由农业大国向农业强国转变。

（一）夯实农业生产能力基础。深入实施藏粮于地、藏粮于技战略，严守耕地红线，确保国家粮食安全，把中国人的饭碗牢牢端在自己手中。全面落实永久基本农田特殊保护制度，加快划定和建设粮食生产功能区、重要农产品生产保护区，完善支持政策。大规模推进农村土地整治和高标准农田建设，稳步提升耕地质量，强化监督考核和地方政府责任。加强农田水利建设，提高抗旱防洪除涝能力。实施国家农业节水行动，加快灌区续建配套与现代化改造，推进小型农田水利设施达标提质，建设一批重大高效节水灌溉工程。加快建设国家农业科技创新体系，加强面向全行业的科技创新基地建设。深化农业科技成果转化和推广应用改革。加快发展现代农作物、畜禽、水产、林木种业，提升自主创新能力。高标准建设国家南繁育种基地。推进我国农机装备产业转型升级，加强科研机构、设备制造企业联合攻关，进一步提高大宗农作物机械国产化水平，加快研发经济作物、养殖业、丘陵山区农林机械，发展高端农机装备制造。优化农业从业者结构，加快建设知识型、技能型、创新型农业经营者队伍。大力发展数字农业，实施智慧农业林业水利工程，推进物联网试验示范和遥感技术应用。

（二）实施质量兴农战略。制定和实施国家质量兴农战略规划，建立健全质量兴农评价体系、政策体系、工作体系和考核体系。深入推进农业绿色化、优质化、特色化、品牌化，调整优化农业生产力布局，推动农业由增产导向转向提质导向。推进特色农产品优势区创建，建设现代农业产业园、农业科技园。实施产业兴村强县行动，推行标准化生产，培育农产品品牌，保护地理标志农产品，打造一村一品、一县一业发展新格局。加快发展现代高效林业，实施兴林富民行动，推进森林生态标志产品建设工程。加强植物病虫害、动物疫病防控体系建设。优化养殖业空间布局，大力发展绿色生态健康养殖，做大做强民族奶业。统筹海洋渔业资源开发，科学布局近远海养殖和远洋渔业，建设现代化海洋牧场。建立产学研融合的农业科技创新联盟，加强农业绿色生态、提质增效技术研发应用。切实发挥农垦在质量兴农中的带动引领作用。实施食品安全战略，完善农产品质量和食品安全标准体系，加强农业投入品和农产品质量安全追溯体系建设，健全农产品质量和食品安全监管体

制，重点提高基层监管能力。

（三）构建农村一二三产业融合发展体系。大力开发农业多种功能，延长产业链、提升价值链、完善利益链，通过保底分红、股份合作、利润返还等多种形式，让农民合理分享全产业链增值收益。实施农产品加工业提升行动，鼓励企业兼并重组，淘汰落后产能，支持主产区农产品就地加工转化增值。重点解决农产品销售中的突出问题，加强农产品产后分级、包装、营销，建设现代化农产品冷链仓储物流体系，打造农产品销售公共服务平台，支持供销、邮政及各类企业把服务网点延伸到乡村，健全农产品产销稳定衔接机制，大力建设具有广泛性的促进农村电子商务发展的基础设施，鼓励支持各类市场主体创新发展基于互联网的新型农业产业模式，深入实施电子商务进农村综合示范，加快推进农村流通现代化。实施休闲农业和乡村旅游精品工程，建设一批设施完备、功能多样的休闲观光园区、森林人家、康养基地、乡村民宿、特色小镇。对利用闲置农房发展民宿、养老等项目，研究出台消防、特种行业经营等领域便利市场准入、加强事中事后监管的管理办法。发展乡村共享经济、创意农业、特色文化产业。

（四）促进小农户和现代农业发展有机衔接。统筹兼顾培育新型农业经营主体和扶持小农户，采取有针对性的措施，把小农生产引入现代农业发展轨道。培育各类专业化市场化服务组织，推进农业生产全程社会化服务，帮助小农户节本增效。发展多样化的联合与合作，提升小农户组织化程度。注重发挥新型农业经营主体带动作用，打造区域公用品牌，开展农超对接、农社对接，帮助小农户对接市场。扶持小农户发展生态农业、设施农业、体验农业、定制农业，提高产品档次和附加值，拓展增收空间。改善小农户生产设施条件，提升小农户抗风险能力。研究制定扶持小农生产的政策意见。

五、繁荣兴盛农村文化，焕发乡风文明新气象

乡村振兴，乡风文明是保障。必须坚持物质文明和精神文明一起抓，提升农民精神风貌，培育文明乡风、良好家风、淳朴民风，不断提高乡村社会文明程度。

（一）传承发展提升农村优秀传统文化。立足乡村文明，吸取城市文明及外来文化优秀成果，在保护传承的基础上，创造性转化、创新性发展，不断赋予时代内涵、丰富表现形式。切实保护好优秀农耕文化遗产，推动优秀农耕文化遗产合理适度利用。深入挖掘农耕文化蕴含的优秀思想观念、人文精神、道德规范，充分发挥其在凝聚人心、教化群众、淳化民风中的重要作用。

（二）开展移风易俗行动。广泛开展文明村镇、星级文明户、文明家庭等

群众性精神文明创建活动。遏制大操大办、厚葬薄养、人情攀比等陈规陋习。加强无神论宣传教育，丰富农民群众精神文化生活，抵制封建迷信活动。深化农村殡葬改革。加强农村科普工作，提高农民科学文化素养。

六、加强农村基层基础工作，构建乡村治理新体系

乡村振兴，治理有效是基础。必须把夯实基层基础作为固本之策，建立健全党委领导、政府负责、社会协同、公众参与、法治保障的现代乡村社会治理体制，坚持自治、法治、德治相结合，确保乡村社会充满活力、和谐有序。

（一）加强农村基层党组织建设。扎实推进抓党建促乡村振兴，突出政治功能，提升组织力，抓乡促村，把农村基层党组织建成坚强战斗堡垒。强化农村基层党组织领导核心地位，创新组织设置和活动方式，持续整顿软弱涣散村党组织，稳妥有序开展不合格党员处置工作，着力引导农村党员发挥先锋模范作用。建立选派第一书记工作长效机制，全面向贫困村、软弱涣散村和集体经济薄弱村党组织派出第一书记。实施农村带头人队伍整体优化提升行动，注重吸引高校毕业生、农民工、机关企事业单位优秀党员干部到村任职，选优配强村党组织书记。健全从优秀村党组织书记中选拔乡镇领导干部、考录乡镇机关公务员、招聘乡镇事业编制人员制度。加大在优秀青年农民中发展党员力度。建立农村党员定期培训制度。全面落实村级组织运转经费保障政策。推行村级小微权力清单制度，加大基层小微权力腐败惩处力度。严厉整治惠农补贴、集体资产管理、土地征收等领域侵害农民利益的不正之风和腐败问题。

（二）深化村民自治实践。坚持自治为基，加强农村群众性自治组织建设，健全和创新村党组织领导的充满活力的村民自治机制。推动村党组织书记通过选举担任村委会主任。发挥自治章程、村规民约的积极作用。全面建立健全村务监督委员会，推行村级事务阳光工程。依托村民会议、村民代表会议、村民议事会、村民理事会、村民监事会等，形成民事民议、民事民办、民事民管的多层次基层协商格局。积极发挥新乡贤作用。推动乡村治理重心下移，尽可能把资源、服务、管理下放到基层。继续开展以村民小组或自然村为基本单元的村民自治试点工作。加强农村社区治理创新。创新基层管理体制机制，整合优化公共服务和行政审批职责，打造"一门式办理""一站式服务"的综合服务平台。在村庄普遍建立网上服务站点，逐步形成完善的乡村便民服务体系。大力培育服务性、公益性、互助性农村社会组织，积极发展农村社会工作和志愿服务。集中清理上级对村级组织考核评比多、创建达

标多、检查督查多等突出问题。维护村民委员会、农村集体经济组织、农村合作经济组织的特别法人地位和权利。

（三）建设法治乡村。坚持法治为本，树立依法治理理念，强化法律在维护农民权益、规范市场运行、农业支持保护、生态环境治理、化解农村社会矛盾等方面的权威地位。增强基层干部法治观念、法治为民意识，将政府涉农各项工作纳入法治化轨道。深入推进综合行政执法改革向基层延伸，创新监管方式，推动执法队伍整合、执法力量下沉，提高执法能力和水平。建立健全乡村调解、县市仲裁、司法保障的农村土地承包经营纠纷调处机制。加大农村普法力度，提高农民法治素养，引导广大农民增强尊法学法守法用法意识。健全农村公共法律服务体系，加强对农民的法律援助和司法救助。

（四）提升乡村德治水平。深入挖掘乡村熟人社会蕴含的道德规范，结合时代要求进行创新，强化道德教化作用，引导农民向上向善、孝老爱亲、重义守信、勤俭持家。建立道德激励约束机制，引导农民自我管理、自我教育、自我服务、自我提高，实现家庭和睦、邻里和谐、干群融洽。广泛开展好媳妇、好儿女、好公婆等评选表彰活动，开展寻找最美乡村教师、医生、村官、家庭等活动。深入宣传道德模范、身边好人的典型事迹，弘扬真善美，传播正能量。

（五）建设平安乡村。健全落实社会治安综合治理领导责任制，大力推进农村社会治安防控体系建设，推动社会治安防控力量下沉。深入开展扫黑除恶专项斗争，严厉打击农村黑恶势力、宗族恶势力，严厉打击黄赌毒盗拐骗等违法犯罪。依法加大对农村非法宗教活动和境外渗透活动打击力度，依法制止利用宗教干预农村公共事务，继续整治农村乱建庙宇、滥塑宗教造像。完善县乡村三级综治中心功能和运行机制。健全农村公共安全体系，持续开展农村安全隐患治理。加强农村警务、消防、安全生产工作，坚决遏制重特大安全事故。探索以网格化管理为抓手、以现代信息技术为支撑，实现基层服务和管理精细化精准化。推进农村"雪亮工程"建设。

九、推进体制机制创新，强化乡村振兴制度性供给

实施乡村振兴战略，必须把制度建设贯穿其中。要以完善产权制度和要素市场化配置为重点，激活主体、激活要素、激活市场，着力增强改革的系统性、整体性、协同性。

（一）巩固和完善农村基本经营制度。落实农村土地承包关系稳定并长久不变政策，衔接落实好第二轮土地承包到期后再延长30年的政策，让农民吃上长效"定心丸"。全面完成土地承包经营权确权登记颁证工作，实现承包土

地信息联通共享。完善农村承包地"三权分置"制度，在依法保护集体土地所有权和农户承包权前提下，平等保护土地经营权。农村承包土地经营权可以依法向金融机构融资担保、入股从事农业产业化经营。实施新型农业经营主体培育工程，培育发展家庭农场、合作社、龙头企业、社会化服务组织和农业产业化联合体，发展多种形式适度规模经营。

（二）深化农村土地制度改革。系统总结农村土地征收、集体经营性建设用地入市、宅基地制度改革试点经验，逐步扩大试点，加快土地管理法修改，完善农村土地利用管理政策体系。扎实推进房地一体的农村集体建设用地和宅基地使用权确权登记颁证。完善农民闲置宅基地和闲置农房政策，探索宅基地所有权、资格权、使用权"三权分置"，落实宅基地集体所有权，保障宅基地农户资格权和农民房屋财产权，适度放活宅基地和农民房屋使用权，不得违规违法买卖宅基地，严格实行土地用途管制，严格禁止下乡利用农村宅基地建设别墅大院和私人会馆。在符合土地利用总体规划前提下，允许县级政府通过村土地利用规划，调整优化村庄用地布局，有效利用农村零星分散的存量建设用地；预留部分规划建设用地指标用于单独选址的农业设施和休闲旅游设施等建设。对利用收储农村闲置建设用地发展农村新产业新业态的，给予新增建设用地指标奖励。进一步完善设施农用地政策。

（三）深入推进农村集体产权制度改革。全面开展农村集体资产清产核资、集体成员身份确认，加快推进集体经营性资产股份合作制改革。推动资源变资产、资金变股金、农民变股东，探索农村集体经济新的实现形式和运行机制。坚持农村集体产权制度改革正确方向，发挥村党组织对集体经济组织的领导核心作用，防止内部少数人控制和外部资本侵占集体资产。维护进城落户农民土地承包权、宅基地使用权、集体收益分配权，引导进城落户农民依法自愿有偿转让上述权益。研究制定农村集体经济组织法，充实农村集体产权权能。全面深化供销合作社综合改革，深入推进集体林权、水利设施产权等领域改革，做好农村综合改革、农村改革试验区等工作。

十、汇聚全社会力量，强化乡村振兴人才支撑

实施乡村振兴战略，必须破解人才瓶颈制约。要把人力资本开发放在首要位置，畅通智力、技术、管理下乡通道，造就更多乡土人才，聚天下人才而用之。

（一）大力培育新型职业农民。全面建立职业农民制度，完善配套政策体系。实施新型职业农民培育工程。支持新型职业农民通过弹性学制参加中高等农业职业教育。创新培训机制，支持农民专业合作社、专业技术协会、龙

头企业等主体承担培训。引导符合条件的新型职业农民参加城镇职工养老、医疗等社会保障制度。鼓励各地开展职业农民职称评定试点。

（二）加强农村专业人才队伍建设。建立县域专业人才统筹使用制度，提高农村专业人才服务保障能力。推动人才管理职能部门简政放权，保障和落实基层用人主体自主权。推行乡村教师"县管校聘"。实施好边远贫困地区、边疆民族地区和革命老区人才支持计划，继续实施"三支一扶"、特岗教师计划等，组织实施高校毕业生基层成长计划。支持地方高等学校、职业院校综合利用教育培训资源，灵活设置专业（方向），创新人才培养模式，为乡村振兴培养专业化人才。扶持培养一批农业职业经理人、经纪人、乡村工匠、文化能人、非遗传承人等。

（三）发挥科技人才支撑作用。全面建立高等院校、科研院所等事业单位专业技术人员到乡村和企业挂职、兼职和离岗创新创业制度，保障其在职称评定、工资福利、社会保障等方面的权益。深入实施农业科研杰出人才计划和杰出青年农业科学家项目。健全种业等领域科研人员以知识产权明晰为基础、以知识价值为导向的分配政策。探索公益性和经营性农技推广融合发展机制，允许农技人员通过提供增值服务合理取酬。全面实施农技推广服务特聘计划。

（四）鼓励社会各界投身乡村建设。建立有效激励机制，以乡情乡愁为纽带，吸引支持企业家、党政干部、专家学者、医生教师、规划师、建筑师、律师、技能人才等，通过下乡担任志愿者、投资兴业、包村包项目、行医办学、捐资捐物、法律服务等方式服务乡村振兴事业。研究制定管理办法，允许符合要求的公职人员回乡任职。吸引更多人才投身现代农业，培养造就新农民。加快制定鼓励引导工商资本参与乡村振兴的指导意见，落实和完善融资贷款、配套设施建设补助、税费减免、用地等扶持政策，明确政策边界，保护好农民利益。

（五）创新乡村人才培育引进使用机制。建立自主培养与人才引进相结合，学历教育、技能培训、实践锻炼等多种方式并举的人力资源开发机制。建立城乡、区域、校地之间人才培养合作与交流机制。全面建立城市医生教师、科技文化人员等定期服务乡村机制。研究制定鼓励城市专业人才参与乡村振兴的政策。

附录3 《国家乡村振兴战略规划（2018—2022年）》（节选）

前言

党的十九大提出实施乡村振兴战略，是以习近平同志为核心的党中央着眼党和国家事业全局，深刻把握现代化建设规律和城乡关系变化特征，顺应亿万农民对美好生活的向往，对"三农"工作作出的重大决策部署，是决胜全面建成小康社会、全面建设社会主义现代化国家的重大历史任务，是新时代做好"三农"工作的总抓手。从党的十九大到二十大，是"两个一百年"奋斗目标的历史交汇期，既要全面建成小康社会、实现第一个百年奋斗目标，又要乘势而上开启全面建设社会主义现代化国家新征程，向第二个百年奋斗目标进军。为贯彻落实党的十九大、中央经济工作会议、中央农村工作会议精神和政府工作报告要求，描绘好战略蓝图，强化规划引领，科学有序推动乡村产业、人才、文化、生态和组织振兴，根据《中共中央、国务院关于实施乡村振兴战略的意见》，特编制《乡村振兴战略规划（2018—2022年）》。

本规划以习近平总书记关于"三农"工作的重要论述为指导，按照产业兴旺、生态宜居、乡风文明、治理有效、生活富裕的总要求，对实施乡村振兴战略作出阶段性谋划，分别明确至2020年全面建成小康社会和2022年召开党的二十大时的目标任务，细化实化工作重点和政策措施，部署重大工程、重大计划、重大行动，确保乡村振兴战略落实落地，是指导各地区各部门分类有序推进乡村振兴的重要依据。

第三篇 构建乡村振兴新格局

坚持乡村振兴和新型城镇化双轮驱动，统筹城乡国土空间开发格局，优化乡村生产生活生态空间，分类推进乡村振兴，打造各具特色的现代版"富春山居图"。

第九章 分类推进乡村发展

顺应村庄发展规律和演变趋势，根据不同村庄的发展现状、区位条件、资源禀赋等，按照集聚提升、融入城镇、特色保护、搬迁撤并的思路，分类推进乡村振兴，不搞一刀切。

第一节　集聚提升类村庄

现有规模较大的中心村和其他仍将存续的一般村庄，占乡村类型的大多数，是乡村振兴的重点。科学确定村庄发展方向，在原有规模基础上有序推进改造提升，激活产业、优化环境、提振人气、增添活力，保护保留乡村风貌，建设宜居宜业的美丽村庄。鼓励发挥自身比较优势，强化主导产业支撑，支持农业、工贸、休闲服务等专业化村庄发展。加强海岛村庄、国有农场及林场规划建设，改善生产生活条件。

第二节　城郊融合类村庄

城市近郊区以及县城城关镇所在地的村庄，具备成为城市后花园的优势，也具有向城市转型的条件。综合考虑工业化、城镇化和村庄自身发展需要，加快城乡产业融合发展、基础设施互联互通、公共服务共建共享，在形态上保留乡村风貌，在治理上体现城市水平，逐步强化服务城市发展、承接城市功能外溢、满足城市消费需求能力，为城乡融合发展提供实践经验。

第三节　特色保护类村庄

历史文化名村、传统村落、少数民族特色村寨、特色景观旅游名村等自然历史文化特色资源丰富的村庄，是彰显和传承中华优秀传统文化的重要载体。统筹保护、利用与发展的关系，努力保持村庄的完整性、真实性和延续性。切实保护村庄的传统选址、格局、风貌以及自然和田园景观等整体空间形态与环境，全面保护文物古迹、历史建筑、传统民居等传统建筑。尊重原住居民生活形态和传统习惯，加快改善村庄基础设施和公共环境，合理利用村庄特色资源，发展乡村旅游和特色产业，形成特色资源保护与村庄发展的良性互促机制。

第四节　搬迁撤并类村庄

对位于生存条件恶劣、生态环境脆弱、自然灾害频发等地区的村庄，因重大项目建设需要搬迁的村庄，以及人口流失特别严重的村庄，可通过易地扶贫搬迁、生态宜居搬迁、农村集聚发展搬迁等方式，实施村庄搬迁撤并，统筹解决村民生计、生态保护等问题。拟搬迁撤并的村庄，严格限制新建、扩建活动，统筹考虑拟迁入或新建村庄的基础设施和公共服务设施建设。坚持村庄搬迁撤并与新型城镇化、农业现代化相结合，依托适宜区域进行安置，避免新建孤立的村落式移民社区。搬迁撤并后的村庄原址，因地制宜复垦或还绿，增加乡村生产生态空间。农村居民点迁建和村庄撤并，必须尊重农民意愿并经村民会议同意，不得强制农民搬迁和集中上楼。

第四篇　加快农业现代化步伐

坚持质量兴农、品牌强农，深化农业供给侧结构性改革，构建现代农业产业体系、生产体系、经营体系，推动农业发展质量变革、效率变革、动力变革，持续提高农业创新力、竞争力和全要素生产率。

第十二章　加快农业转型升级

按照建设现代化经济体系的要求，加快农业结构调整步伐，着力推动农业由增产导向转向提质导向，提高农业供给体系的整体质量和效率，加快实现由农业大国向农业强国转变。

第一节　优化农业生产力布局

以全国主体功能区划确定的农产品主产区为主体，立足各地农业资源禀赋和比较优势，构建优势区域布局和专业化生产格局，打造农业优化发展区和农业现代化先行区。东北地区重点提升粮食生产能力，依托"大粮仓"打造粮肉奶综合供应基地。华北地区着力稳定粮油和蔬菜、畜产品生产保障能力，发展节水型农业。长江中下游地区切实稳定粮油生产能力，优化水网地带生猪养殖布局，大力发展名优水产品生产。华南地区加快发展现代畜禽水产和特色园艺产品，发展具有出口优势的水产品养殖。西北、西南地区和北方农牧交错区加快调整产品结构，限制资源消耗大的产业规模，壮大区域特色产业。青海、西藏等生态脆弱区域坚持保护优先、限制开发，发展高原特色农牧业。

第二节　推进农业结构调整

加快发展粮经饲统筹、种养加一体、农牧渔结合的现代农业，促进农业结构不断优化升级。统筹调整种植业生产结构，稳定水稻、小麦生产，有序调减非优势区籽粒玉米，进一步扩大大豆生产规模，巩固主产区棉油糖胶生产，确保一定的自给水平。大力发展优质饲料牧草，合理利用退耕地、南方草山草坡和冬闲田拓展饲草发展空间。推进畜牧业区域布局调整，合理布局规模化养殖场，大力发展种养结合循环农业，促进养殖废弃物就近资源化利用。优化畜牧业生产结构，大力发展草食畜牧业，做大做强民族奶业。加强渔港经济区建设，推进渔港渔区振兴。合理确定内陆水域养殖规模，发展集约化、工厂化水产养殖和深远海养殖，降低江河湖泊和近海渔业捕捞强度，规范有序发展远洋渔业。

第三节　壮大特色优势产业

以各地资源禀赋和独特的历史文化为基础，有序开发优势特色资源，做大做强优势特色产业。创建特色鲜明、优势集聚、市场竞争力强的特色农产品优势区，支持特色农产品优势区建设标准化生产基地、加工基地、仓储物流基地，完善科技支撑体系、品牌与市场营销体系、质量控制体系，建立利益联结紧密的建设运行机制，形成特色农业产业集群。按照与国际标准接轨的目标，支持建立生产精细化管理与产品品质控制体系，采用国际通行的良好农业规范，塑造现代顶级农产品品牌。实施产业兴村强县行动，培育农业产业强镇，打造"一乡一业""一村一品"的发展格局。

第四节 保障农产品质量安全

实施食品安全战略，加快完善农产品质量和食品安全标准、监管体系，加快建立农产品质量分级及产地准出、市场准入制度。完善农兽药残留限量标准体系，推进农产品生产投入品使用规范化。建立健全农产品质量安全风险评估、监测预警和应急处置机制。实施动植物保护能力提升工程，实现全国动植物检疫防疫联防联控。完善农产品认证体系和农产品质量安全监管追溯系统，着力提高基层监管能力。落实生产经营者主体责任，强化农产品生产经营者的质量安全意识。建立农资和农产品生产企业信用信息系统，对失信市场主体开展联合惩戒。

第五节 培育提升农业品牌

实施农业品牌提升行动，加快形成以区域公用品牌、企业品牌、大宗农产品品牌、特色农产品品牌为核心的农业品牌格局。推进区域农产品公共品牌建设，擦亮老品牌，塑强新品牌，引入现代要素改造提升传统名优品牌，努力打造一批国际知名的农业品牌和国际品牌展会。做好品牌宣传推介，借助农产品博览会、展销会等渠道，充分利用电商、"互联网+"等新兴手段，加强品牌市场营销。加强农产品商标及地理标志商标的注册和保护，构建我国农产品品牌保护体系，打击各种冒用、滥用公用品牌行为，建立区域公用品牌的授权使用机制以及品牌危机预警、风险规避和紧急事件应对机制。

第十三章 建立现代农业经营体系

坚持家庭经营在农业中的基础性地位，构建家庭经营、集体经营、合作经营、企业经营等共同发展的新型农业经营体系，发展多种形式适度规模经营，发展壮大农村集体经济，提高农业的集约化、专业化、组织化、社会化水平，有效带动小农户发展。

第一节 巩固和完善农村基本经营制度

落实农村土地承包关系稳定并长久不变政策，衔接落实好第二轮土地承包到期后再延长30年的政策，让农民吃上长效"定心丸"。全面完成土地承包经营权确权登记颁证工作，完善农村承包地"三权分置"制度，在依法保护集体所有权和农户承包权前提下，平等保护土地经营权。建立农村产权交易平台，加强土地经营权流转和规模经营的管理服务。加强农用地用途管制。完善集体林权制度，引导规范有序流转，鼓励发展家庭林场、股份合作林场。发展壮大农垦国有农业经济，培育一批具有国际竞争力的农垦企业集团。

第二节 壮大新型农业经营主体

实施新型农业经营主体培育工程，鼓励通过多种形式开展适度规模经营。培育发展家庭农场，提升农民专业合作社规范化水平，鼓励发展农民专业合作社联合社。不断壮大农林产业化龙头企业，鼓励建立现代企业制度。鼓励工商资本到农村投资适合产业化、规模化经营的农业项目，提供区域性、系统性解决方案，与当地农户形成互惠共赢的产业共同体。加快建立新型经营主体支持政策体系和信用评价体系，落实财政、税收、土地、信贷、保险等支持政策，扩大新型经营主体承担涉农项目规模。

第三节 发展新型农村集体经济

深入推进农村集体产权制度改革，推动资源变资产、资金变股金、农民变股东，发展多种形式的股份合作。完善农民对集体资产股份的占有、收益、有偿退出及抵押、担保、继承等权能和管理办法。研究制定农村集体经济组织法，充实农村集体产权权能。鼓励经济实力强的农村集体组织辐射带动周边村庄共同发展。发挥村党组织对集体经济组织的领导核心作用，防止内部少数人控制和外部资本侵占集体资产。

第四节 促进小农户生产和现代农业发展有机衔接

改善小农户生产设施条件，提高个体农户抵御自然风险能力。发展多样化的联合与合作，提升小农户组织化程度。鼓励新型经营主体与小农户建立契约型、股权型利益联结机制，带动小农户专业化生产，提高小农户自我发展能力。健全农业社会化服务体系，大力培育新型服务主体，加快发展"一站式"农业生产性服务业。加强工商企业租赁农户承包地的用途监管和风险防范，健全资格审查、项目审核、风险保障金制度，维护小农户权益。

第十四章 强化农业科技支撑

深入实施创新驱动发展战略，加快农业科技进步，提高农业科技自主创新水平、成果转化水平，为农业发展拓展新空间、增添新动能，引领支撑农业转型升级和提质增效。

第一节 提升农业科技创新水平

培育符合现代农业发展要求的创新主体，建立健全各类创新主体协调互动和创新要素高效配置的国家农业科技创新体系。强化农业基础研究，实现前瞻性基础研究和原创性重大成果突破。加强种业创新、现代食品、农机装备、农业污染防治、农村环境整治等方面的科研工作。深化农业科技体制改革，改进科研项目评审、人才评价和机构评估工作，建立差别化评价制度。深入实施现代种业提升工程，开展良种重大科研联合攻关，培育具有国际竞争力的种业龙头企业，推动建设种业科技强国。

第二节 打造农业科技创新平台基地

建设国家农业高新技术产业示范区、国家农业科技园区、省级农业科技园区，吸引更多的农业高新技术企业到科技园区落户，培育国际领先的农业高新技术企业，形成具有国际竞争力的农业高新技术产业。新建一批科技创新联盟，支持农业高新技术企业建立高水平研发机构。利用现有资源建设农业领域国家技术创新中心，加强重大共性关键技术和产品研发与应用示范。建设农业科技资源开放共享与服务平台，充分发挥重要公共科技资源优势，推动面向科技界开放共享，整合和完善科技资源共享服务平台。

第三节 加快农业科技成果转化应用

鼓励高校、科研院所建立一批专业化的技术转移机构和面向企业的技术服务网络，通过研发合作、技术转让、技术许可、作价投资等多种形式，实现科技成果市场价值。健全省市县三级科技成果转化工作网络，支持地方大力发展技术交易市场。面向绿色兴农重大需求，加大绿色技术供给，加强集成应用和示范推广。健全基层农业技术推广体系，创新公益性农技推广服务方式，支持各类社会力量参与农技推广，全面实施农技推广服务特聘计划，加强农业重大技术协同推广。健全农业科技领域分配政策，落实科研成果转化及农业科技创新激励相关政策。

第五篇 发展壮大乡村产业

以完善利益联结机制为核心，以制度、技术和商业模式创新为动力，推进农村一二三产业交叉融合，加快发展根植于农业农村、由当地农民主办、彰显地域特色和乡村价值的产业体系，推动乡村产业全面振兴。

第十六章 推动农村产业深度融合

把握城乡发展格局发生重要变化的机遇，培育农业农村新产业新业态，打造农村产业融合发展新载体新模式，推动要素跨界配置和产业有机融合，让农村一二三产业在融合发展中同步升级、同步增值、同步受益。

第一节 发掘新功能新价值

顺应城乡居民消费拓展升级趋势，结合各地资源禀赋，深入发掘农业农村的生态涵养、休闲观光、文化体验、健康养老等多种功能和多重价值。遵循市场规律，推动乡村资源全域化整合、多元化增值，增强地方特色产品时代感和竞争力，形成新的消费热点，增加乡村生态产品和服务供给。实施农产品加工业提升行动，支持开展农产品生产加工、综合利用关键技术研究与示范，推动初加工、精深加工、综合利用加工和主食加工协调发展，实现农产品多层次、多环节转化增值。

第二节 培育新产业新业态

深入实施电子商务进农村综合示范，建设具有广泛性的农村电子商务发展基础设施，加快建立健全适应农产品电商发展的标准体系。研发绿色智能农产品供应链核心技术，加快培育农业现代供应链主体。加强农商互联，密切产销衔接，发展农超、农社、农企、农校等产销对接的新型流通业态。实施休闲农业和乡村旅游精品工程，发展乡村共享经济等新业态，推动科技、人文等元素融入农业。强化农业生产性服务业对现代农业产业链的引领支撑作用，构建全程覆盖、区域集成、配套完备的新型农业社会化服务体系。清理规范制约农业农村新产业新业态发展的行政审批事项。着力优化农村消费环境，不断优化农村消费结构，提升农村消费层次。

第三节 打造新载体新模式

依托现代农业产业园、农业科技园区、农产品加工园、农村产业融合发展示范园等，打造农村产业融合发展的平台载体，促进农业内部融合、延伸农业产业链、拓展农业多种功能、发展农业新型业态等多模式融合发展。加快培育农商产业联盟、农业产业化联合体等新型产业链主体，打造一批产加销一体的全产业链企业集群。推进农业循环经济试点示范和田园综合体试点建设。加快培育一批"农字号"特色小镇，在有条件的地区建设培育特色商贸小镇，推动农村产业发展与新型城镇化相结合。

第十七章 完善紧密型利益联结机制

始终坚持把农民更多分享增值收益作为基本出发点，着力增强农民参与融合能力，创新收益分享模式，健全联农带农有效激励机制，让农民更多分享产业融合发展的增值收益。

第一节 提高农民参与程度

鼓励农民以土地、林权、资金、劳动、技术、产品为纽带，开展多种形式的合作与联合，依法组建农民专业合作社联合社，强化农民作为市场主体的平等地位。引导农村集体经济组织挖掘集体土地、房屋、设施等资源和资产潜力，依法通过股份制、合作制、股份合作制、租赁等形式，积极参与产业融合发展。积极培育社会化服务组织，加强农技指导、信用评价、保险推广、市场预测、产品营销等服务，为农民参与产业融合创造良好条件。

第二节　创新收益分享模式

加快推广"订单收购+分红""土地流转+优先雇用+社会保障""农民入股+保底收益+按股分红"等多种利益联结方式，让农户分享加工、销售环节收益。鼓励行业协会或龙头企业与合作社、家庭农场、普通农户等组织共同营销，开展农产品销售推介和品牌运作，让农户更多分享产业链增值收益。鼓励农业产业化龙头企业通过设立风险资金、为农户提供信贷担保、领办或参办农民合作组织等多种形式，与农民建立稳定的订单和契约关系。完善涉农股份合作制企业利润分配机制，明确资本参与利润分配比例上限。

第三节　强化政策扶持引导

更好发挥政府扶持资金作用，强化龙头企业、合作组织联农带农激励机制，探索将新型农业经营主体带动农户数量和成效作为安排财政支持资金的重要参考依据。以土地、林权为基础的各种形式合作，凡是享受财政投入或政策支持的承包经营者均应成为股东方。鼓励将符合条件的财政资金特别是扶贫资金量化到农村集体经济组织和农户后，以自愿入股方式投入新型农业经营主体，对农户土地经营权入股部分采取特殊保护，探索实行农民负盈不负亏的分配机制。

第八篇　健全现代乡村治理体系

把夯实基层基础作为固本之策，建立健全党委领导、政府负责、社会协同、公众参与、法治保障的现代乡村社会治理体制，推动乡村组织振兴，打造充满活力、和谐有序的善治乡村。

第二十五章　加强农村基层党组织对乡村振兴的全面领导

以农村基层党组织建设为主线，突出政治功能，提升组织力，把农村基层党组织建成宣传党的主张、贯彻党的决定、领导基层治理、团结动员群众、推动改革发展的坚强战斗堡垒。

第一节　健全以党组织为核心的组织体系

坚持农村基层党组织领导核心地位，大力推进村党组织书记通过法定程序担任村民委员会主任和集体经济组织、农民合作组织负责人，推行村"两委"班子成员交叉任职；提倡由非村民委员会成员的村党组织班子成员或党员担任村务监督委员会主任；村民委员会成员、村民代表中党员应当占一定比例。在以建制村为基本单元设置党组织的基础上，创新党组织设置。推动农村基层党组织和党员在脱贫攻坚和乡村振兴中提高威信、提升影响。加强农村新型经济组织和社会组织的党建工作，引导其始终坚持为农民服务的正确方向。

第二节　加强农村基层党组织带头人队伍建设

实施村党组织带头人整体优化提升行动。加大从本村致富能手、外出务工经商人员、本乡本土大学毕业生、复员退伍军人中培养选拔力度。以县为单位，逐村摸排分析，对村党组织书记集中调整优化，全面实行县级备案管理。健全从优秀村党组织书记中选拔乡镇领导干部、考录乡镇公务员、招聘乡镇事业编制人员机制。通过本土人才回引、院校定向培养、县乡统筹招聘等渠道，每个村储备一定数量的村级后备干部。全面向贫困村、软弱涣散村和集体经济薄弱村党组织派出第一书记，建立长效机制。

第三节　加强农村党员队伍建设

加强农村党员教育、管理、监督，推进"两学一做"学习教育常态化制度化，教育引导广大党员自觉用习近平新时代中国特色社会主义思想武装头脑。严格党的组织生活，全面落实"三会一课"、主题党日、谈心谈话、民主评议党员、党员联系农户等制度。加强农村流动党员管理。注重发挥无职党员作用。扩大党内基层民主，推进党务公开。加强党内激励关怀帮扶，定期走访慰问农村老党员、生活困难党员，帮助解决实际困难。稳妥有序开展不合格党员组织处置工作。加大在青年农民、外出务工人员、妇女中发展党员力度。

第四节　强化农村基层党组织建设责任与保障

推动全面从严治党向纵深发展、向基层延伸，严格落实各级党委尤其是县级党委主体责任，进一步压实县乡纪委监督责任，将抓党建促脱贫攻坚、促乡村振兴情况作为每年市县乡党委书记抓基层党建述职评议考核的重要内容，纳入巡视、巡察工作内容，作为领导班子综合评价和选拔任用领导干部的重要依据。坚持抓乡促村、整乡推进、整县提升，加强基本组织、基本队伍、基本制度、基本活动、基本保障建设，持续整顿软弱涣散村党组织。加强农村基层党风廉政建设，强化农村基层干部和党员的日常教育管理监督，加强对《农村基层干部廉洁履行职责若干规定（试行）》执行情况的监督检查，弘扬新风正气，抵制歪风邪气。充分发挥纪检监察机关在督促相关职能部门抓好中央政策落实方面的作用，加强对落实情况特别是涉农资金拨付、物资调配等工作的监督，开展扶贫领域腐败和作风问题专项治理，严厉打击农村基层黑恶势力和涉黑涉恶腐败及"保护伞",严肃查处发生在惠农资金、征地拆迁、生态环保和农村"三资"管理领域的违纪违法问题,坚决纠正损害农民利益的行为,严厉整治群众身边腐败问题。全面执行以财政投入为主的稳定的村级组织运转经费保障政策。满怀热情关心关爱农村基层干部,政治上激励、工作上支持、待遇上保障、心理上关怀。重视发现和树立优秀农村基层干部典型,彰显榜样力量。

第二十六章 促进自治法治德治有机结合

坚持自治为基、法治为本、德治为先,健全和创新村党组织领导的充满活力的村民自治机制,强化法律权威地位,以德治滋养法治、涵养自治,让德治贯穿乡村治理全过程。

第一节 深化村民自治实践

加强农村群众性自治组织建设。完善农村民主选举、民主协商、民主决策、民主管理、民主监督制度。规范村民委员会等自治组织选举办法,健全民主决策程序。依托村民会议、村民代表会议、村民议事会、村民理事会等,形成民事民议、民事民办、民事民管的多层次基层协商格局。创新村民议事形式,完善议事决策主体和程序,落实群众知情权和决策权。全面建立健全村务监督委员会,健全务实管用的村务监督机制,推行村级事务阳光工程。充分发挥自治章程、村规民约在农村基层治理中的独特功能,弘扬公序良俗。继续开展以村民小组或自然村为基本单元的村民自治试点工作。加强基层纪委监委对村民委员会的联系和指导。

第二节 推进乡村法治建设

深入开展"法律进乡村"宣传教育活动,提高农民法治素养,引导干部群众尊法学法守法用法。增强基层干部法治观念、法治为民意识,把政府各项涉农工作纳入法治化轨道。维护村民委员会、农村集体经济组织、农村合作经济组织的特别法人地位和权利。深入推进综合行政执法改革向基层延伸,创新监管方式,推动执法队伍整合、执法力量下沉,提高执法能力和水平。加强乡村人民调解组织建设,建立健全乡村调解、县市仲裁、司法保障的农村土地承包经营纠纷调处机制。健全农村公共法律服务体系,加强对农民的法律援助、司法救助和公益法律服务。深入开展法治县(市、区)、民主法治示范村等法治创建活动,深化农村基层组织依法治理。

第三节 提升乡村德治水平

深入挖掘乡村熟人社会蕴含的道德规范,结合时代要求进行创新,强化道德教化作用,引导农民向上向善、孝老爱亲、重义守信、勤俭持家。建立道德激励约束机制，引导农民自我管理、自我教育、自我服务、自我提高，实现家庭和睦、邻里和谐、干群融洽。积极发挥新乡贤作用。深入推进移风易俗，开展专项文明行动，遏制大操大办、相互攀比、"天价彩礼"、厚葬薄养等陈规陋习。加强无神论宣传教育，抵制封建迷信活动。深化农村殡葬改革。

第四节 建设平安乡村

健全落实社会治安综合治理领导责任制，健全农村社会治安防控体系，推动社会治安防控力量下沉，加强农村群防群治队伍建设。深入开展扫黑除恶专项斗争。依法加大对农村非法宗教、邪教活动打击力度，严防境外渗透，继续整治农村乱建宗教活动场所、滥塑宗教造像。完善县乡村三级综治中心功能和运行机制。健全农村公共安全体系，持续开展农村安全隐患治理。加强农村警务、消防、安全生产工作，坚决遏制重特大安全事故。健全矛盾纠纷多元化解机制，深入排查化解各类矛盾纠纷，全面推广"枫桥经验"，做到小事不出村、大事不出乡（镇）。落实乡镇政府农村道路交通安全监督管理责任，探索实施"路长制"。探索以网格化管理为抓手，推动基层服务和管理精细化精准化。推进农村"雪亮工程"建设。